GILDA BANDEIRA DE MELLO
SONIA MASSARA
HELENA WIECHMANN
por **YGOR KASSAB**

Planeta

Copyright © Gilda Bandeira de Mello, Helena Wiechmann,
Sonia Massara e Ygor Kassab, 2023
Copyright © Editora Planeta do Brasil, 2023
Todos os direitos reservados.

Preparação: Laura Folgueira
Revisão: Diego Franco Gonçales e Vitor Donofrio
Projeto gráfico e diagramação: Negrito Produção Editorial
Capa e ilustração: Paula Milanez
Tratamento de imagens: Fabio Oliveira

Dados Internacionais de Catalogação na Publicação (CIP)
Angélica Ilacqua CRB-8/7057

Wiechmann, Helena
  Avós da razão / Helena Wiechmann, Sonia Massara, Gilda Bandeira de Mello; por Ygor Kassab. – São Paulo: Planeta do Brasil, 2023.
  240 p.

  Bibliografia
  ISBN 978-85-422-2135-0

  1. Envelhecimento – Qualidade de vida 2. Idosos – Bem-estar 3. Envelhecimento – Aspectos psicológicos 4. Envelhecimento – Aspectos sociais I. Título II. Massara, Sonia III. Mello, Gilda Bandeira de IV. Kassab, Ygor

23-0673   CDD 305.26

Índice para catálogo sistemático:
1. Envelhecimento

Ao escolher este livro, você está apoiando o manejo responsável das florestas do mundo

2023
Todos os direitos desta edição reservados à
Editora Planeta do Brasil Ltda.
Rua Bela Cintra 986, 4º andar – Consolação
São Paulo – SP – 01415-002
www.planetadelivros.com.br
atendimento@editoraplaneta.com.br

Sumário

Apresentação – *por Mirian Goldenberg* 7

Parte 1: O velho está vivo! 15

Parte 2: Na onda das Avós 25
Amor e sexo 27
Envelhecimento e vaidade 43
Juventude, feminismo e legalização do aborto 55
Maternidade, educação e religiosidade 73
Homossexualidade, tabus e orgasmo feminino 87
Brasil, ditadura e pandemia 103
Trabalho, dicas financeiras e materialismo 117
Amizade, danças e músicas 127

Parte 3: Ser ou não ser? 141
Helena 143
Sonia 159
Gilda 171

Parte 4: Pingue-pongue com as Avós 187
Helena 189
Sonia 193
Gilda 197

Parte 5: Etarismo 203

Referências 213

Músicas citadas nesta obra 215

Parte 6: Imagens de três vidas bem vividas 217

Agradecimentos (e despedida!) 229

Sobre Ygor Kassab 231

Manifesto das velhas sem vergonhas –
por Mirian Goldenberg 233

Apresentação

por Mirian Goldenberg

A Revolução da Bela Velhice: liberdade, felicidade, autenticidade e amizade são as melhores rimas para maturidade. E muito humor...

Por que eu amo as Avós da Razão?
Por que eu amo as Avós da Razão? Pelos mesmos motivos que as mulheres – e homens também – de todas as idades amam a Helena, a Sonia e a Gilda: elas provam que existe vida inteligente e interessante nas redes sociais, e depois dos 80 anos. As Avós da Razão mostram, no próprio cotidiano, que a velhice pode ser, e é, um momento de conquistas, alegrias, descobertas e muitas risadas.

Em outubro de 2019, tive a alegria de conhecer as Avós da Razão em um congresso em São Paulo onde falei sobre a Revolução da Bela Velhice: projetos de vida e busca da felicidade, e sobre a importância da amizade em todas as fases da vida.

É muito comum que os brasileiros só enxerguem a velhice como perdas, faltas, doenças, limitações, frustrações.

As Avós da Razão mostram que não é nada disso e que precisamos mudar o olhar negativo e preconceituoso sobre esse momento. Elas inspiram centenas de milhares de mulheres e homens a sair da invisibilidade, da inutilidade, da falta de escuta e assumir o protagonismo da própria vida, com autonomia, liberdade e felicidade.

Exatamente por tudo isso, resolvi começar meu novo projeto, A Revolução da Bela Velhice, na revista *Vogue*, com as Avós da Razão, em setembro de 2022, mês da primavera. Elas simbolizam a certeza de que podemos, sim, florescer na velhice.

Como nasceu o projeto Avós da Razão (ou A Voz da Razão?)

As três amigas – Helena, Sonia e Gilda – sempre foram inteligentes, engraçadas, corajosas e irreverentes. A idade não mudou em nada o que elas sempre gostaram de fazer desde que se conheceram, há mais de 50 anos: beber em botecos e conversar sobre tudo, sem frescuras e sem tabus. Aliás, a idade só melhorou as coisas, inclusive a alegria, o bom humor e a irreverência das três.

Helena, 94 anos, Sonia, 85, e Gilda, 81, se tornaram as Avós da Razão quando, em 2018, Cassia, uma amiga querida das três (que ainda não é avó, mas será no futuro), teve a ideia genial de criar um canal no YouTube, reproduzindo as conversas delas nas mesas dos botecos. Era uma brincadeira: Avós da Razão ou A Voz da Razão? O raciocínio foi: por que não ampliar essa saborosa conversa de três amigas para muitas outras mulheres e homens que adorariam rir, brincar e se divertir com elas?

Assim, elas iniciaram uma nova carreira: a de youtubers e de influenciadoras digitais. No canal, as Avós da Razão respondem perguntas feitas pelos internautas, dando conselhos e opiniões recheadas de inteligência, originalidade e humor. A espontaneidade, marca registrada das três, fez com que o programa alcançasse enorme sucesso.

Milhares de comentários nas páginas do Instagram e do YouTube demonstram a força, a coragem e a voz que as Avós da Razão dão a mulheres e homens de todas as idades. Elas inspiram e libertam milhares de pessoas que ainda são prisioneiras de rótulos e preconceitos sobre a velhice.

Em setembro de 2019, as Avós da Razão ganharam o primeiro lugar na categoria Creators Pitch, evento criado pelo YOUPIX Summit, site que premia criadores de conteúdo e marketing digital. Elas também ganharam o Prêmio iBest 2021, na categoria Diversidade e Inclusão.

Hoje, estão no Instagram (235 mil seguidores), no YouTube (89 mil seguidores) e no TikTok (68 mil seguidores), fazendo o que mais gostam de fazer: simplesmente sendo elas mesmas, por inteiro, sem medo de serem xingadas de ridículas. Afinal, há muito tempo aprenderam que a vida é curta demais para gastarem tempo com gente preconceituosa, chata, resmunguenta e careta.

Por que as Avós da Razão são o melhor exemplo da Revolução da Bela Velhice?
As Avós da Razão simbolizam tudo o que encontrei em mais de trinta anos de pesquisas sobre corpo, envelhecimento e felicidade com 5 mil mulheres e homens: são as amigas que cuidam, que escutam, que compreendem, que

ensinam, que brincam, que dão a certeza de que não estamos sozinhos em nossas dores e sofrimentos.

Por que elas fazem tanto sucesso?

1. Porque são verdadeiras, autênticas, irreverentes, inteligentes, independentes, alegres, corajosas, debochadas. Não fazem nada para lacrar ou lucrar, querem compartilhar a alegria de viver com mais e mais pessoas que precisam aprender a viver o envelhecimento com muito mais liberdade e felicidade.

2. Porque sabem que dar risadas é mais revolucionário e inspirador do que dar receitas prontas de como envelhecer bem. É com a própria vida que elas provam que a velhice pode ser o melhor momento da nossa, o momento de maior liberdade e felicidade.

3. Porque provam que não têm medo da opinião e da reprovação dos outros. Que quanto mais livres e verdadeiras elas são, mais conquistam mulheres e homens que também querem ser livres e verdadeiros.

4. Porque optaram, corajosamente, por fazer da sua própria vida um exemplo concreto de que é possível envelhecer bem sem se colocar como vítima sofredora e invisível. Elas mostram que são visíveis e que não sentem vergonha nem culpa de seus corpos, desejos e comportamentos.

5. E, o mais importante de tudo, porque elas sabem rir de si mesmas, não se levam tão a sério e preferem saborear a vida com as amigas em vez de desperdiçar o tempo, nosso bem mais precioso, reclamando dos outros.

Elas são simplesmente elas mesmas, como sempre foram. Em tempos de tanta lacração, "ser você mesma" é um ato revolucionário.

Uma história de amizade, amor e muito humor

O livro *Avós da Razão*, escrito pelo jornalista Ygor Kassab, traz a mesma espontaneidade, autenticidade e irreverência das conversas das três em uma mesa de boteco. Aqui, elas falam sobre tudo sem censura e sem medo: velhice, sexualidade, feminismo, política, amor, família, amizade e muito mais.

Com a leitura do livro, tenho a certeza de que mulheres e homens de todas as idades vão querer se juntar às Avós da Razão para fazer a Revolução da Bela Velhice e provar que as melhores rimas para maturidade são liberdade, felicidade, autenticidade e amizade.

Só para dar um gostinho das histórias saborosas que as três contam no livro, seguem alguns trechinhos de minha seleção:

Helena:

"O humor é mais importante que o amor, porque o amor acaba, mas o humor deve continuar para o resto da vida. A gente tem que se casar com alguém que nos faça rir. Aqueles caras sérios, Deus me livre! E outra coisa: a pessoa mais importante da sua vida é você. Em primeiro lugar vem você, os seus projetos e os seus desejos. Eu não tive que escolher por um amor, mas, se tivermos, devemos escolher aquilo que é melhor para nós."

"Prefiro que me chamem de velha do que de idosa, acho muito deselegante essa palavra. Idoso é quase um neologismo, ninguém mais quer falar 'velho'. Ser velho é complicado, todos os amigos da minha idade já se foram, sobraram apenas os mais novos. A sociedade não dá a devida importância para nós. Tem muitos velhos que estão em asilos, sem o poder de escolha, a família põe lá para se livrar."

"Tem uma fulana aí, uma amiga minha, que, quando ligo para ela, só escuto reclamação. Pergunto se está bem, ela fala que sim. Mas diz que tudo está muito chato, que a perna dói, o joelho está ruim. No meio da conversa, ainda fala sobre o problema intestinal dela. Ah, faça o favor, o que me interessam os intestinos dessa senhora? Não podemos cultivar a tristeza. Quero que todas as velhinhas do Brasil fiquem como eu: em vez de tomar remédio, tomem um bom uísque."

Sonia:

"Um pouco de sacanagem não faz mal para ninguém. Quando conheci o homem com o qual fiquei trinta anos casada, estávamos em um jantar entre amigos. Jantamos e tal, e ele disse que iria embora. Porém, antes, me disse para ir até lá fora com ele. Deu aquela pegada legal em mim e falou: 'Você tem algum compromisso?'. Respondi que não, e ele completou: 'Vamos para o Guarujá?'. Não tive dúvidas, foi só o tempo de passar em casa e fazer uma malinha. De repente, acontecem coisas inesperadas em nossa vida."

"Agora, se você tem personalidade e opinião, não fica invisível nunca. Não há nada melhor na vida do que morar sozinho, ter o seu espaço, abrir a porta da sua casa e saber que aquele local é seu, algo que fica com o seu cheiro, com o seu perfume. O jovem acha que o velho não sabe fazer mais nada, mas ele é uma pessoa como outra qualquer. Ele pode até fazer as coisas mais devagar, mas faz. Envelhecer está na cabeça. Se você cultua o bom humor, tem um remédio e tanto contra a velhice. Nós queremos dar voz ao velho."

"O velho tem que ter cuidado para não ficar amargo, sempre reclamando, achando defeito em tudo e em todos. Envelhecer não significa que você já sabe tudo, muito pelo contrário. Você tem que abrir a mente e continuar aprendendo sempre."

Gilda:
"Depois de certa idade, você se olha no espelho e parece que enxerga a própria mãe. Graças a Deus, a minha era bonitinha. Para sair da cama, você tem que sair rolando, o joelho estala, a gente tem que se preparar muito para isso."

"Eu prefiro falar velho do que idoso, idoso é aquele que é antigo. Tem uma vantagem em ser velho: a gente ganha uma sabedoria a mais e tem de viver o que nos resta de uma forma feliz, rir e se divertir muito. É por aí que encontramos a felicidade. O velho pode fazer tudo, desde que queira. Acho que a velhice é um estado de espírito. Não podemos nos largar. Você tem que se arrumar e se inteirar das novidades."

"Seja mais alegre, tenha menos mágoa das coisas, tenha menos azedume, porque esse azedume vai te acompanhar até a velhice e aí você vai ficar insuportável. Pare de julgar e ria mais."

Avós da Razão: rimando maturidade com liberdade e autenticidade
As Avós inspiram porque trazem algo não tão comum nas redes sociais, sempre tão fartas de mulheres com corpos perfeitos, de biquíni ou lingerie, fazendo dancinhas

engraçadinhas: a liberdade, a coragem e a autenticidade de serem elas mesmas. Assim, criaram um espaço de alegria, de reflexão e de transformação onde não existe a angústia da inveja, da comparação e do fracasso tão presente no Instagram, YouTube e em outras mídias sociais.

Depois de algum tempo encantada com o trio de amigas, encontrei a ideia perfeita para definir as Avós da Razão: elas são uma revolução feita com alegria, irreverência e bom humor. São revolucionárias hoje, como sempre foram, porque só querem se divertir, brincar e rir muito. Elas são tudo o que eu também quero ser amanhã. Por isso, são as melhores representantes da Revolução da Bela Velhice.

Acredito, como as Avós, que "meu tempo é aqui e agora". E que o humor é a arma mais poderosa para construir a Revolução da Bela Velhice. É exatamente por acreditar no poder do humor, da amizade e da alegria de viver que comecei a Revolução da Bela Velhice na *Vogue* com elas. As Avós me fazem rir, refletir, mudar, ter a coragem de "ser eu mesma" e sentir mais alegria e esperança no amanhã.

Agora vocês compreenderam por que eu amo as Avós da Razão?

Mirian Goldenberg é antropóloga, pesquisadora e professora, colunista da *Folha de S.Paulo* e da *Vogue*, autora de trinta livros sobre envelhecimento e felicidade, sendo o mais recente *A invenção de uma bela velhice*. Seu TEDx "A invenção de uma bela velhice" é um dos mais assistidos do Brasil, com quase 1,3 milhão de visualizações no YouTube.

PARTE 1
O velho está vivo!

O *velho* não pode ser tratado como alguém incapaz.

Muito pelo contrário! Ele deve ser visto como um agente consumidor e, ainda, produtor de conteúdo. Quantas pessoas da geração de mais de 60 anos estudam, trabalham e namoram? Muitas, milhares. O estereótipo da velhinha que só faz crochê caiu por terra há tempos, assim como aquela associação idoso/bengala. A sociedade mudou e envelheceu e, com isso, o pensamento acerca do outro e das suas capacidades precisa amadurecer também. Estereótipos existem para serem quebrados. (E é necessário, mais do que nunca, exaltar a espontaneidade do querer. Sim, quando se quer algo, lá no fundo do seu mundo particular, é possível realizar.)

O número de idosos no Brasil vem crescendo ano após ano. Em 2021, de acordo com o Instituto Brasileiro de Geografia e Estatística (IBGE), o total da população brasileira era de 212,6 milhões de pessoas, sendo que 31,2 milhões estavam acima dos 60 anos — ou seja, aproximadamente 15% da população era formada por idosos. Isso se deu, em grande parte, devido à queda na taxa de fecundidade, uma vez que as famílias brasileiras passaram a optar por terem menos filhos. Além disso, há uma maior expectativa de vida proporcionada pelo avanço da tecnologia e da medicina. De acordo com a Organização das Nações Unidas (ONU), em 2017, havia 962 milhões de pessoas no mundo com mais de 60 anos, o que representava 13% da população global.

E a tendência é que os números cresçam rapidamente com o passar dos anos, realidade que significará muito mais vovós e vovôs do que netos. Ainda segundo os dados publicados na pesquisa feita pela ONU, em 2050, haverá 2,1 bilhões de idosos no mundo. Esse público, mais do que nunca, precisa estar inserido em todas as atividades socioculturais.

Por exemplo: de acordo com dados fornecidos pelo Censo de Educação Superior de 2019, 27 mil idosos fazem cursos universitários no Brasil. De 2015 a 2019, essa parcela da população em universidades cresceu 48%. Isso evidencia que o desejo de ganhar conhecimento nunca é interrompido, e nem os outros desejos: vaidade, sexo, trabalho, prática de exercícios e esporte, entretenimento e muitos outros. Uma vida não se esgota com a idade: enquanto há oxigênio, há sonho.

Foi assim, com uma vontade imensa de mostrar que o velho está vivo, que as amigas paulistanas de longa data, Helena Wiechmann, 94 anos, Sonia Massara, 85 e Gilda Bandeira de Mello, 80, toparam o convite de Cássia Camargo para terem um canal no YouTube, batizado de "Avós da Razão". A estreia das três alegres companheiras no mundo digital se deu em outubro de 2018. Elas não sabiam, mas iniciavam ali uma nova carreira: a de youtuber.

Não demorou muito para que se tornassem conhecidas e para que o canal obtivesse enorme repercussão.

O programa foi estruturado a partir da ideia de se levar a mesa do boteco, local assiduamente frequentado por elas, para o audiovisual. Nele, as Avós respondem perguntas feitas pelos internautas, geralmente enviadas por WhatsApp ou por outras redes sociais, dando conselhos e opiniões recheadas de sinceridade e humor. A espontaneidade, marca registrada das três, foi o que fez com que o programa alcançasse abundante êxito. Como costumam dizer, elas não "fogem da raia" e, por vezes, são "terapeutas" do pessoal, que vai ao delírio com as respostas recebidas.

No primeiro semestre de 2019, conseguiram o segundo lugar na categoria Creators Boost em um evento do YOUPIX, site que premia criadores de conteúdo e marketing digital. Já em setembro de 2019, venceram o primeiro lugar na categoria Creators Pitch no YOUPIX Summit. Elas caíram no gosto do público porque são o contrário do que se imagina acerca do estereótipo do velho, tantas vezes tachado de rabugento e careta. As Avós mostram, com uma malícia deliciosa, que a liberdade é a melhor coisa da vida. Respondem, sem pudores, sobre qualquer tema.

Na grande mídia, apareceram em matérias feitas pelos sites UOL, *Meio e Mensagem*, jornais como *O Globo*, *O Estado de S. Paulo*, *Folha de S.Paulo*, revistas *Claudia*, *Marie Claire* e *Vogue*. Já na televisão, participaram do *Encontro com Fátima Bernardes*, na TV Globo, do *Mulheres*, na TV Gazeta, do *Estúdio News*, na Record News, do *Tempero de Família*, no GNT, do *Cartas para Eva*, para o Globoplay e do *Linha do Tempo*, podcast da BandNews FM, apresentado por Inês de Castro. Além disso, já fizeram participações em muitos outros canais do YouTube, como o prestigiado Quebrando o Tabu, o canal da UOL e muitos outros.

A representatividade que elas trazem aos mais velhos é enorme. Muitos comentários nas páginas do Instagram ou YouTube enaltecem a força e a voz dadas a um público que precisa ser motivado pelo seu valor e pela sua trajetória de vida. A partir da interação dos internautas, é possível observar que as Avós impulsionam outros velhos a tomarem coragem de conhecer outros mundos. É necessário permitir-se viver da maneira mais agradável a si, sem justificar nada a ninguém.

Além das respostas a perguntas do público, elas têm no Instagram alguns quadros específicos. Um deles é o "Resenhas Literárias", em que Sonia tece comentários sobre livros. Gilda comanda o "Moda e Prosa", trazendo dicas de vestuário e pontuando as tendências de estilo de cada época. Por fim, há o "Dicas de Filmes", com a cinéfila Helena, sempre resgatando histórias regadas de reflexões e ousadias.

As opiniões são saborosas, e, com seu imenso carisma, as Avós envolvem o espectador. Elas não deixam passar nenhum detalhe relevante acerca dos seus temas: são minúcias de um olhar atento a cada "franzir de testa" ou "suspiro apaixonado" diante de um filme, um livro ou uma roupa. O quadro "Dia das Avós" é um exemplo de conteúdo de qualidade, e é justamente essa empolgação pela vida que cativa quem as assiste.

Um ponto alto na história do canal foi a viagem a Blumenau, em 2019, para participarem da Oktoberfest, festival de tradições germânicas promovido em Santa Catarina. As Avós receberam adereços e roupas típicas, o que possibilitou um estado de total inclusão na festa, e foram descritas pelo público como mulheres inspiradoras e donas de uma energia fora do comum. Em 2020, outro convite, dessa vez para assistirem ao desfile das campeãs do Carnaval de São Paulo – e é claro que o batuque das escolas de samba é quase o sobrenome delas.

Com a pandemia de covid-19, elas tiveram que recolher-se em casa, por serem do grupo de risco. Todavia, o programa seguiu com elas à distância. Isso mesmo: as Avós se adaptaram ainda mais aos meios tecnológicos; quantos zooms, lives e demais plataformas elas fizeram para não deixar a peteca cair! As Avós não têm medo do recomeço, do fracasso, do novo; elas se jogam sem rede de proteção.

Em diversos momentos, elas participaram também de alguma publicidade feita a partir de parcerias com grandes marcas, fruto da visibilidade que o canal alcançou na tarefa de reafirmar o quanto o diálogo sobre a velhice é essencial. Por vezes, o público com mais de 60 fica vulnerável na questão identitária, ou seja, no conjunto de possibilidades que são "roubadas" deles, tornando invisíveis algumas formas de expressão.

É difícil, por exemplo, ver propagandas de lingerie estreladas por pessoas idosas. Podemos até pensar em algo muito corriqueiro e midiático para analisar essa situação: o rentável Dia dos Namorados. Quantas vezes vimos comerciais sendo protagonizados pelo público com mais de 60 anos? O desejo das pessoas não desaparece, não some. É preciso entender algo simples: ser velho não é estar morto. (Não se pode associar a palavra velho a algo ruim, isso não existe, o que existe é o preconceito.)

Esses diálogos significam muito na luta por ressignificar a forma como a sociedade enxerga os velhos. E a primeira coisa a fazer é atribuir valor, justamente, à palavra VELHO. Existem pessoas que acham que empregá-la pode parecer menosprezo, que o "certo" seria dizer idoso. Todavia, as Avós lutam para mostrar que o termo "velho" não pode ser considerado como algo ruim. Ser velho é bom, ser velho é não ter interrompido a caminhada, é ter uma bagagem repleta de aprendizados e ensinamentos. É uma fase da vida. Triste é negar o valor do velho.

A mensagem passada pelo canal tem sido muito difundida Brasil afora, haja vista que elas alcançaram 89 mil seguidores no YouTube em setembro de 2022, dos quais 55,5% são mulheres e 44,5% são homens, sendo que a maior parte do público está na faixa-etária dos 55+, com 32% com mais de 65 anos. Esses números, indicativos de um público mais maduro, colocam em evidência a necessidade cada vez maior de criação de conteúdo para um público específico.

Já no Instagram chegaram a 221 mil seguidores, também em setembro de 2022, dos quais 85% são mulheres e 15% são homens. O público tem, em sua maioria, a faixa-etária de 34 a 44 anos, o que mostra uma aproximação com a juventude brasileira. Com afeto, coragem e amor pela vida, Helena, Sonia e Gilda tornaram-se *digital influencers*, escancarando a força do público com mais de 60. Inclusive, ganharam o Prêmio iBest 2021 na categoria Diversidade e Inclusão.

O projeto deste livro vem como uma forma de celebrar a velhice, comemorar os quatro anos do "Avós da Razão" e apresentar um guia sobre a opinião delas acerca de diversos temas. Quantas vezes, ao longo desse período, elas encontraram com pessoas na rua que disseram: "Vocês me fizeram repensar a minha vida", "Quero trabalhar, tive coragem e entreguei alguns currículos", "Me libertei e resolvi assumir os meus cabelos brancos", "Vou fazer igual a vocês, tô indo pro boteco". Enaltecer e, principalmente, transformar vidas tem sido uma meta cumprida com muito sucesso. Em fevereiro de 2022, as três foram capa da revista da GOL Linhas Aéreas. O voo dessas meninas, realmente, tem despertado multidões.

Com toda essa história, dá para ver o quanto as Avós são capazes de inspirar as pessoas que fazem parte do grupo com mais de 60, mesmo as que estão sem atividade e motivação. Há muitos estereótipos a serem desconstruídos e essas três mulheres são uma ferramenta motivacional incrível para mostrar novos caminhos. Que a história delas possa ser alimento na trajetória de todos os que estiverem em busca de identidade e sobrevivência. Viva o velho!

PARTE 2
Na onda das Avós

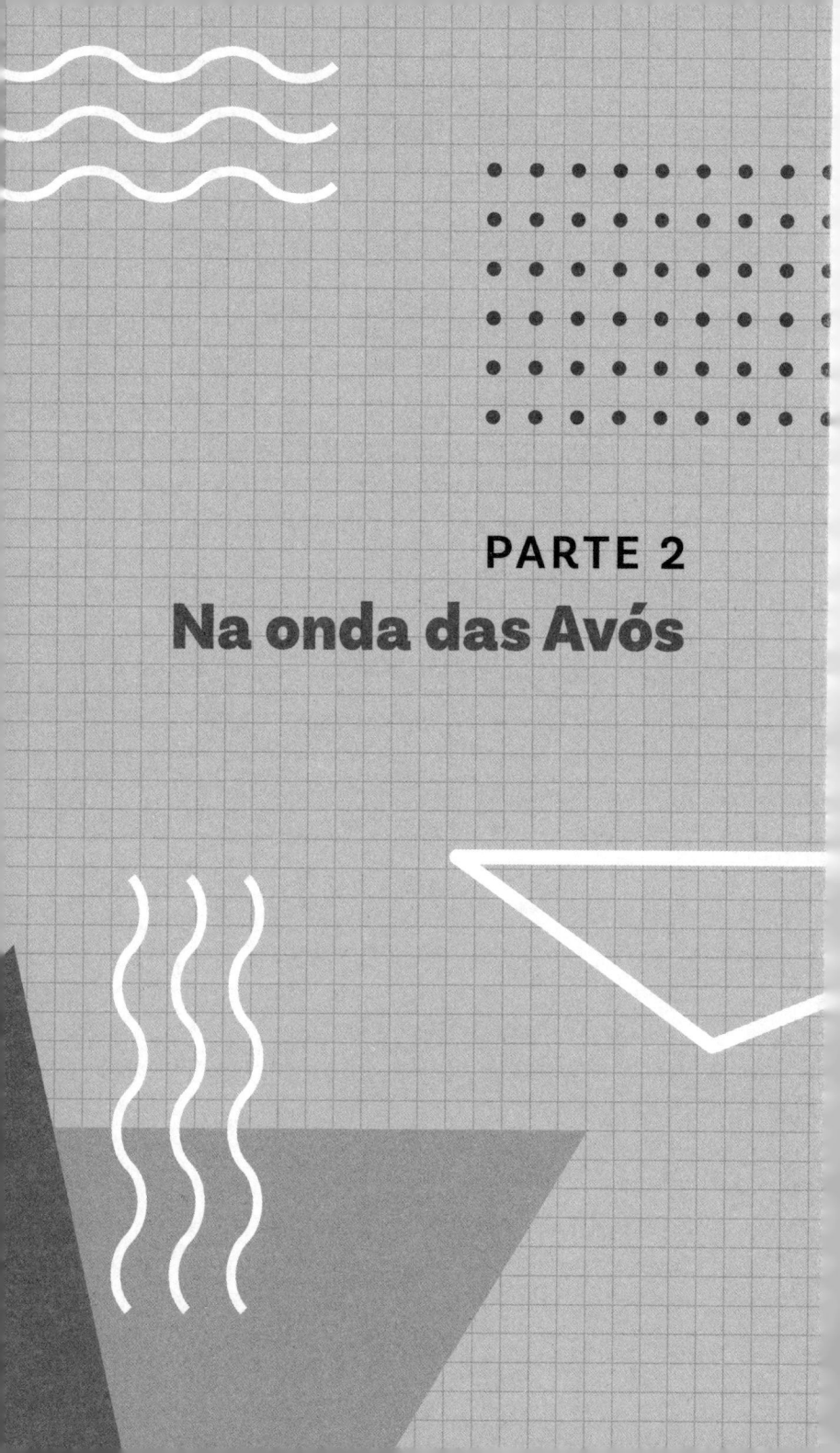

Amor e sexo

O amor é um dos ingredientes mais suculentos para uma vida cheia de sucesso e prazer – começando pelo amor-próprio. Mas amar não é tão simples assim, porque requer uma boa dose de loucura, paixão, humor e paciência. Com o passar dos anos, as pessoas começam a entender mais sobre os mistérios do coração: sobre se entregar ao outro ou a algo, em medidas não quantificadas pela razão, em proporções alternantes de emoção, em níveis diferentes de reciprocidade. E amar não é, justamente, sentir algo que não se explica? Que apenas acontece, nasce e cresce dentro de nós?

Muitas pessoas se perguntam sobre a duração do amor – é *para sempre*? Só que esquecemos que nem nós mesmos duramos para sempre e que nem sempre o "para sempre" é palpável. Ele se modifica, reinventa-se e esgota-se também. Sonia é a avó mais realista do grupo, aquela que não idealiza nada, nem uma maçã do amor, que, para ela, é uma maçã como outra qualquer. No entanto, quando o assunto é o amor propriamente dito, ela se posiciona com firmeza, declarando a importância desse sentimento.

Gilda e Helena concordam com o prazer de sentir as batidas aceleradas de um coração apaixonado. Muitas das perguntas enviadas ao canal tratam desse sentimento que faz qualquer distância parecer pequena, porque nunca há limites para estar junto de quem se ama. Elas viveram amores intensos, cheios de aventuras e alegrias. Houve percalços no caminho, mas a rosa nunca perde a beleza, mesmo diante dos espinhos.

A serelepe Helena sempre se mostrou romântica nos assuntos do coração. Ela não nega que teve encontros casuais, sem cobranças ou dilemas. Mas soltou, em algumas respostas, um suspiro profundo quando se trata de romance, entrega ou casamento. Em Bebedouro, sua cidade natal, um amor juvenil ficou para trás. Entretanto, ela também rumou em busca de outros horizontes quando ganhou as asas da liberdade.

É que foi na cidade grande, na Pauliceia Desvairada de Mário de Andrade, que a menina desabrochou para o amor. Foi completa na realização dele – ou melhor, deles, porque não ficou apenas em um só. Afinal, é necessário conhecer novos mundos, novas experiências e partir quando for preciso – e o mesmo vale para o amor. Ela é a avó mais velha do grupo e deu diversas provas do quanto é saudável recomeçar.

A beleza de Sonia já despontava desde o início da adolescência. Ela crescia esguia e alegre naquele começo dos anos 1950. Foi assim que conheceu o primeiro namorado, um rapaz dez anos mais velho do que ela que a encantou completamente. A jovem foi transgressora ao fazer amor com ele antes do casamento. Era um amor gostoso, daqueles que tem aroma de flor de laranjeira. Afinal, Sonia vivia intensamente, como borboleta que voa livre na planície. Não era loucura, era liberdade.

Quem nunca recebeu um bilhete com palavras charmosas e envolventes? Quem nunca olhou fixamente para alguém torcendo para receber de volta um olhar malicioso de tesão? Quem não se perguntou: transar no primeiro encontro é um problema? Não é preciso ir muito longe. No período das décadas de 1930 a 1950, e por aí vai, isso era inaceitável. Discutir sexo e prazer era inimaginável. Casar grávida, então, era um escândalo enorme.

O sexo era visto como pecaminoso, ideia herdada dos preconceitos religiosos que os séculos trouxeram para nós e também do machismo sobre o qual o mundo foi alicerçado. Se pensarmos que as moças foram, tantas vezes, cerceadas até em suas vontades de alfabetização e de estudo, que dirá nas questões da carne, assunto tão hostilizado em uma sociedade construída com o estigma do pecado.

A visão patriarcal fazia vigilância cerrada em cima das mulheres. Mesmo assim, os amores das Avós foram apimentados, e é claro que o sexo nunca foi um tabu. Gilda, como as companheiras de YouTube, não cumpriu o estereótipo da "moça virginal". O que ela cumpriu foram os anseios da sua liberdade: "Amar é algo tão gostoso".

Outras moças da geração não tiveram a mesma coragem ou oportunidade. Viviam muito cerceadas em casa, aquela vida quase que de "convento", uma rotina em que era preciso aprender a cuidar da casa, fazer orações e bordar. (Essa realidade, porém, era típica de meninas da classe média e adjacências; já outras moças, de origem mais humilde, precisavam trabalhar desde cedo, fosse na lavoura ou na cidade.)

De qualquer forma, era comum o preparo de um enxoval para "a noite". E esse momento grandioso poderia ser embalado por uma total escuridão. Na noite de núpcias, um homem e uma mulher, unidos pelo sagrado matrimônio, se preparavam, ansiosos, para desfrutar da cereja do bolo. Só que, às vezes, a cereja era amarga como fel. Ainda bem que existiam homens que não tinham o preconceito da virgindade arraigado em sua mentalidade. Eram livres desse julgamento.

Foi assim com Carmélio, primeiro marido de Helena. Ele aparecia, constantemente, na porta dos escritórios da Companhia Cinematográfica Vera Cruz para vê-la. A jovem trabalhava como secretária naquele prédio imponente da rua Major Diogo, no bairro do Bixiga. Em pouco tempo, eles decidiram juntar as canecas e viveram uma vida conjugal embalada pelo cheiro de tinta fresca.

Essas aventuras todas também foram base para a sintonia construída pelas Avós. Uma amizade longeva como a delas conquista-se com muita transparência, humor e afinidades. No canal, transmitem toda essa espontaneidade cada vez que uma pergunta é direcionada a elas. Se não concordam com a resposta uma da outra, falam na cara dura que discordam e, inclusive, tiram "sarro" dos bastidores de cada peripécia vivenciada pelas companheiras.

Helena contava com desapego sobre as suas lembranças acerca de não ter se casado virgem e sobre o marido saber de seus antecedentes quando foi surpreendida por Gilda, que provocou a amiga dizendo: "Antes disso, você já tinha dado para o mundo, né?". Ao que ela rebateu, causando gargalhadas: "Não dei para o mundo, não, Gilda. Até parece que eu rodava bolsinha na rua Aurora. Tive tão poucos homens na minha vida".

Amor e loucura se complementam na opinião das Avós. Quando alguém se apaixona, fica nas nuvens. O sentimento é um pouco naquela base do "só vou se você for", como ficou eternizado nos versos sensíveis da cantora Dolores Duran. Só que a magia do amor também faz a gente se perder na intensidade das nossas ações. É uma viagem inesperada, é um casamento nunca imaginado, é um voo de paraquedas erguendo o nome do amado. São arroubos de quem não fica na superfície: ou entra com tudo, ou entra com nada.

Sonia, porém, não considera que tenha feito loucuras por amor; as outras pessoas poderiam até achar que sim, mas, em sua opinião, era o mundo que estava atrasado. Já Gilda, a avó das madeixas roxas, confessou ter feito muitas loucuras. Uma viagem inesperada, no meio da noite, foi feita apenas para surpreender o *crush*. No fim, ele já estava acompanhado, e um balde de água fria caiu na cabeça dela, que nem tinha onde passar a noite.

Em outra ocasião, em uma viagem ao Marrocos, foi mais bem-sucedida: "Era um Réveillon, estávamos em excursão e, de repente, em um daqueles restaurantes, apareceu um garçom novinho, lindo, que começou a me paquerar. Ele passava atrás da minha cadeira, fazia graça e, em um dado momento, me convidou para um passeio de moto. Minha mãe achou que seria loucura, tinha medo de que eu fosse raptada e levada para um harém. Olha, conheci diversos locais, cassinos, fomos para o apartamento dele, tomamos champanhe, transamos e ganhei até uma garrucha que pertenceu ao avô dele".

Helena foi mais suave nas memórias sobre loucuras de amor. Afirmou, com aquele seu sorriso gaiato, que não se recordava de todas as loucuras que fez para conquistar ou reconquistar um homem. Nem oferendas a Eros ela fez, afinal. Preferia ser notada pela simpatia e inteligência, como frisou em uma de suas respostas, porém, chegou a fazer uma "serenata" à luz difusa de um abajur lilás.

Quando o assunto é fazer sexo no primeiro encontro, as Avós são objetivas: cada um tem que fazer aquilo que sente dentro de si, sem gerar expectativas e sem cobranças. O sexo é uma comunhão de dois corpos, um desejo normal que, por vezes, salta do peito. Aliás, viver a plenitude de seus instintos é algo que elas recomendam por meio de opiniões saborosas que poderiam ter como trilha sonora o som de um samba envolvente, daqueles que combinam com um copo de cerveja bem gelado.

O sexo é algo que pode se estender por uma vida inteira. "Vovó não faz mais sexo? Ah... faz sim e continua sendo prazeroso!" Alguns internautas, ao longo dos programas, desejavam descobrir detalhes sobre a atividade sexual de cada uma delas. Será que ainda existia disposição para o sexo? Ou o sexo foi transformando-se com as exigências do corpo e da mente? Esse é um assunto que "dá pano pra manga" e que aguça a curiosidade de um público fiel que não perde a chance de saber a opinião e as vivências das três alegres companheiras.

Alguns comentaristas mostraram receio de entregar-se na primeira noite, achando que o parceiro desapareceria depois. Muitas vezes, isso é fruto de um medo de fazer algo "errado", sentimento oriundo de preconceitos sociais e familiares. Crescemos ouvindo certas crenças e estilos de vida tidos como "certos" ou "errados", frutos de um maniqueísmo repleto de lacunas. Dessa forma, nem sempre conseguimos nos livrar dessas amarras na idade adulta. Gilda, Sonia e Helena concordam que cada um é dono do seu corpo, além, é claro, da importância de compreender que nada é para sempre e que o amanhã poderá ser tarde demais.

Sonia foi muito espontânea na resposta que deu sobre o tema e acrescentou uma outra visão, um posicionamento acerca da necessidade de os jovens terem uma família parceira nos assuntos do coração, além de, em seu caso pessoal, uma família que aceite os companheiros dos filhos. Helena enfatizou que o sexo pode ser vivenciado de maneiras diferentes, e que não se deve imaginar que a relação sexual só existe com a penetração. Existem diversos estímulos que podem conceder uma plenitude junto ao parceiro. Foi nesse momento que a mesa do boteco trepidou, já que as duas discordaram completamente:

"Vida sexual é trepar, sim, é sexo. Conversa é outra coisa. A minha avó se correspondia com o Antero de Quental, era uma correspondência sem sexo, mas trepar é trepar", frisou Sonia. Já Helena não escondeu que pensa o oposto: "Você é muito pessimista, Sonia. Vida sexual não é só trepar. O sexo precisa ter um envolvimento, uma conversa".

Gilda revelou, em vários episódios, que se relacionou durante a vida com homens mais novos. Só que, com o tempo, algumas cobranças surgiram. Ela mesma sentia uma insegurança com seu corpo. Nós temos medo do que irão pensar de nós por milhares e milhares de motivos. Mas não podemos esquecer de uma coisa: "Quem gosta de nós deve nos apreciar do jeito que somos".

O humor é outro fator que as Avós gostam sempre de mencionar como um ingrediente importante na manutenção do relacionamento. É essencial estar junto de alguém que proporcione momentos agradáveis e de descontração, porque isso deixa todas as atribulações advindas do tempo com uma leveza maior. Inclusive, o humor pode levar para frente um casamento no qual a paixão arrefeceu e manifesta-se de outras formas. E é justamente com humor que elas falaram acerca desses temas.

O sucesso da prática do nude, a partir da década de 2010, também rendeu papos divertidos por parte das Avós. É muito comum, atualmente, as pessoas trocarem fotos nuas, *ad mundum*, por meio de seus smartphones. Em algumas situações, o *nude* revela apenas um dos membros sexuais. De qualquer forma, essa prática tem sido instrumento de sedução, principalmente, de excitação entre as pessoas. Sonia não se fez de rogada: "Se quiser mandar uma foto para saber se aprovamos, fique à vontade!".

Foram episódios e mais episódios em que o amor e o sexo tomaram corpo nas palavras das Avós da Razão. Elas passam a ideia de que o amor é fundamental na existência humana – e aqui falamos de um amor pela vida, pelo outro, pela natureza e por tudo o que se quiser. Não há restrição de idade para sentir amor. Amar também pode ser libertador, porque deve ser um desprendimento de posse sobre alguém, é ser livre para amar e ser amado, é ser livre para escolher viver junto de quem se ama. Enfim, o amor e o sexo se complementam, se separam, existem e proliferam. Que assim seja e que eles continuem a desabrochar diante dos jardins da vida.

Helena:

"Eu não me casei com o amor da minha juventude, lembro que o coração disparava com o primeiro beijo. Mas encontrei, tempos depois, um segundo amor, aos 25 anos, e depois um terceiro amor, aos 31. Foi com esse último que tive filho, construí uma família, aquela coisa toda. Mas, antes desse terceiro amor, ainda teve um casamento, isso em 1954. Eu já não era mais virgem quando me casei, e meu primeiro marido nunca me perguntou quem fez a façanha comigo. Foi tudo normal e já tínhamos uma historinha antes. Eu era de família católica apostólica romana e, se a minha falecida mãe soubesse disso, teria tido um ataque do coração. Talvez tenhamos sido pioneiras.

Amar já é uma loucura. O pai de um namorado meu dizia: 'O pau fica duro, o juízo vai pro cu'. Não me lembro muito bem das loucuras que fiz. Mas me recordo de ter cantado para o meu bem dormir. Ele achou ruim demais. Percebi, na hora, que foi uma loucura. Posso dar também um depoimento sobre fazer sexo no primeiro encontro. Eu dei, de primeira, e ele ficou comigo até morrer. Olha só como eu era gostosa! Devia ser boa na cama, mas não só na cama, na mesa e na sala de visita também. Foi muito bom. Já havia recebido alguns nãos, é aquela coisa de 'não vem de garfo que hoje é dia de sopa'.

Tenho certa diversidade no campo de homens com diferentes culturas, porque já tive um namorado francês, aqui no Brasil, me casei com um nordestino, nascido no Ceará, e, um pouco depois, me casei novamente, com um alemão. Ah... namorei também um uruguaio. Só que, no frigir dos ovos, os homens são todos parecidos.

A vida sexual não acaba nunca. Posso dar um testemunho da vida sexual dos 80 anos até os 88. Foi muito legal. A gente tinha muita referência. Não vou pensar em um mancebo loiro, de olhos azuis e barriga de tanquinho. E com quem nem poderia falar 'Ah, que saudades da Amélia', porque ele ia me perguntar: 'Quem é a Amélia?'.

Hoje em dia tem a questão de mandar *nudes*. Acho que *nude* é melhor pessoalmente. Bom, namorar em qualquer circunstância é saudável. Na época do on-line, então, é melhor do que nada. Mas tem um perigo: foto é uma coisa, pessoalmente pode ser uma decepção. Ou também pode ser o contrário, pode ser uma satisfação. Mande foto nua, depois faça aquele amor-próprio, faça com você mesmo e está tudo certo.

O humor é mais importante que o amor, porque o amor acaba, mas o humor deve continuar para o resto da vida. A gente tem que se casar com alguém que nos faça rir. Aqueles caras sérios, Deus me livre! E outra coisa, a pessoa mais importante da sua vida é você mesmo. Em primeiro lugar vem você, os seus projetos e os seus desejos. Eu não tive que escolher por um amor, mas, quando tivermos de escolher, devemos escolher aquilo que é melhor para nós."

Sonia:

"Amor é uma tradução de felicidade. Dá um arrepio na espinha. A primeira vez, eu me casei muito jovem e muito apaixonada. Casei-me grávida, aos 16 anos. Foi um escândalo, e, se para algumas famílias até hoje ainda é assim, imagina naquele tempo.

Com 40 e poucos anos, eu me casei pela segunda vez, novamente apaixonada. Tem alguns homens machistas que ainda querem se casar com uma mulher virgem. Eles querem uma pessoa de quem ninguém tenha se servido. O que eu acho é o seguinte: foda adiada é foda perdida. Se você encontrar alguém e estiver a fim, dá logo. Se ele sumir, paciência! E em vez de ir para o motel, onde se gasta dinheiro, em vez de andar de madrugada pela rua, é melhor ficar em casa, que fica tudo em família. Compra uma cama de casal e manda ver.

Sexo é muito bom. Aprendi um ditado na Bahia que é assim: 'Acarajé sem pimenta e macarrão sem queijo é foda sem beijo'.

Acho que o casal precisa querer dar prazer um para o outro. Tem que ser recíproco. É isso que se espera de qualquer parceiro. Claro que também ninguém é obrigado a fazer nada que não estiver a fim de fazer. Quando você sai pela primeira vez com o cara, já percebe do que ele gosta. Então, não gostou, já encerra ali. Existe alguém que gosta das mesmas coisas que você, fique tranquila. Às vezes o cara não é bonito, não é jovem, não é sedutor, mas tem pegada. Bom, nós temos olho clínico, são muitos anos de experiência, daria até para fazer o Tinder das avós, as velhas alcoviteiras.

Um pouco de sacanagem não faz mal para ninguém. Quando conheci o homem com o qual fiquei 30 anos casada, estávamos em um jantar entre amigos. Jantamos e tal, e ele disse que iria embora, porém, antes, me falou para ir até lá fora com ele. Deu aquela pegada legal em mim e disse: 'Você tem algum compromisso?'. Respondi que não, e ele completou: 'Vamos para o Guarujá?'. Não tive dúvidas, foi só o tempo de passar em casa e fazer uma malinha. De repente, acontecem coisas inesperadas em nossa vida.

Agora, tem uma coisa, a vida sexual do velho é uma merda por várias razões. Quando se tem umas exigências, você não concebe aquele parceiro que te cabe. A sua imaginação não corresponde com a sua realidade e muito menos com a do seu *partner*. Vida sexual é trepar. Eu prefiro que o parceiro não saiba quem é a Amélia e que tenha barriga de tanquinho. Tenho as minhas exigências.

Uma vez combinamos de ir, as três velhas, para o Festival de Jazz de Ouro Preto, e fizemos a viagem de carro. Fomos parando, foi uma experiência muito gostosa. Lembro que fizemos uma parada em Tiradentes e lá aconteceu algo inesperado. Estávamos em um restaurante local e chegaram dois rapazes pedindo para se sentar conosco à mesa. Dois rapazes jovens, um deles tinha 34 anos. Ficamos conversando, eram muito simpáticos. De repente, esse de 34 anos pediu para eu ir com ele lá fora. Fui, achei que ele queria desabafar, inclusive, o papo dele era que ele estava com muito tesão. Logo imaginei que ele fosse dizer que estava com tesão no amigo, tanto que falei: 'Vocês estão viajando juntos, por que você não fala que sente isso por ele?'. Aí ele esbravejou: 'Não... é por você!'. Olha, sei que ele me lascou um beijo daqueles.

Muitas coisas inesperadas acontecem conosco e com o mundo. Hoje em dia tem o *nude*. Particularmente, acho o *nude* perigoso, porque, se você não for um bom fotógrafo, o tiro pode sair pela culatra. Você pode mandar uma imagem que a pessoa não vai esquecer nunca! Vai ser um empata-foda de primeira linha. Então, precisa tomar cuidado para mandar em um bom ângulo. Só que tem que saber se vai mandar foto do pau duro ou do pau mole. Mas quem sabe acerta o ângulo e fica boa a foto, né?

Há algum tempo, nem imaginávamos essa questão dos *nudes*. Os relacionamentos antigos eram mais fechados e se tolhia muito. Mas, hoje em dia, é muito mais aberto. Dá para você fazer a sua vida e namorar alguém.

E outra coisa, o amor requer loucuras, porque senão fica chocho. Todas as óperas falam disso. Amor, tive dois, e acho que a gente não deve jogar fora as oportunidades. Mas tem também o humor. O amor precisa de um outro componente, que é o humor. Se você tem, você leva para onde for. E não precisa de uma pessoa perto de você para isso. Sozinha você pode rir, inclusive, de si mesma."

Gilda:

"Achar amores, a gente já achou muitos, mas durar é outra coisa. O amor é um sentimento muito bom, pode ser amar um homem, amar uma coisa ou amar um cachorro. É um sentimento que faz bem. Tem também aquele momento em que o coração começa a bater rápido e o joelho treme. A gente não sabe se põe essa roupa ou se põe aquela outra. Casar-se e manter isso é maravilhoso.

Ainda bem que os nossos pais já morreram e assim nós podemos falar que não nos casamos virgens, porque não casar virgem era um Deus nos acuda. O medo, como dizia a minha mãe, não era ser virtuosa, mas, sim, engravidar e o pai nos matar. Naquela época, não se casar virgem era uma emoção, porque nós tínhamos que fazer toda uma produção para isso acontecer. Tinha que ir à *garçonnière* do amigo, dar e depois ficar com aquela cara de paisagem, uma cara de quem não fez nada ontem.

A gente já fez muita loucura na vida. Acho que temos que fazer mesmo. Fiz uma bela loucura quando estava apaixonada. Era o aniversário dele. Soube que estava em outra cidade. Então, peguei o carro, isso às oito horas da noite, estava chovendo e me enfiei na Via Dutra sozinha, só avisei a minha mãe. A paixão era tanta que fui. Só que, quando cheguei lá, ele estava com a mulher em um restaurante. Eu achei que ele estaria sozinho. Não entrei no local. Mas também não conseguia um lugar para dormir, fiquei zanzando pela cidade. No fim, consegui dormir em um hotel de um amigo meu. Foi uma loucura e tanto.

Beijar na boca é tudo, é melhor que trepar. O que a gente já beijou na boca... Beijava no Carnaval, beijava na festa e depois acabou, acabou. O meu primeiro beijo foi hilário. Eu era uma menina de uns 13 anos e namorava um menininho. Lembro que a gente foi na casa de uns parentes e, de repente, ele resolveu beijar a minha boca. Eu estava em um sofá e, na parede da frente, tinha um quadro de Jesus Cristo. Foi um pouco brochante, mas uma cena inesquecível.

Quando adulta, o único problema de trepar em casa é que a gente tem que trepar de 'mordaça', por causa do barulho. Mas, estando lá, os pais podem conhecer melhor o parceiro da filha ou do filho. Antigamente, a gente trepava no carro, mas tínhamos segurança, não era perigoso.

Acho que vale tudo na cama, desde que você entre em um consenso. Não dá para fazer o que não é legal para você só para agradar ao outro. Tive um companheiro, um namorado, que não gostava de ser beijado no ouvido. Então, não lambi, porque ele falou que não gostava. Mas já lambi outros ouvidos... Bom, muitas outras coisas também.

Tinha uma amiga-irmã que morava na França, muitas vezes fui visitá-la. Adoro Paris. Para falar francamente, não tive muito caso com francês, não, porque eu ia muito para estudar e não calhou. Mas tive alguns, não vou falar que ia lá só para rezar, né. Era um pessoal que calhava no momento, aquele amor *en passant*, porque Paris é uma cidade que chama o amor. Foi muito bom. Sempre é muito agradável amar na França.

Já aconteceu de ter aquele cara jovem, cheio de saúde, todo bonitão, na base do pega, segura e agarra, que foi lá para casa. Tomou isso, tomou aquilo, até que começou aquela função maravilhosa de ter a mão naquilo, aquilo na mão, aquela festa, né. O cara estava com bastante animação. Bom, também não posso dizer que não estava animada, porém, quando foi ficando mais tarde, ele falou: 'Gostaria de passar a noite inteira aqui com você, acordar do seu lado!'. Mas respondi que não dava, tinha perigo de o meu filho chegar e eu ficar um pouco constrangida.

Ele não podia saber da verdade, e a verdade é que a gente acorda de um jeito 'uó'. Depois de uma certa idade, você se olha no espelho e parece que enxerga a própria mãe. Graças a Deus, a minha era bonitinha. Para sair da cama, você tem que sair rolando, o joelho estala, a gente tem que se preparar muito para isso.

O meu grande amor foi um músico. Não pudemos nos casar porque ele era desquitado (existia muito preconceito das famílias com relação a isso). A gente sofreu muito, chorava que não acabava mais. Mas tive a oportunidade de conhecer esse grande amor, ele compunha músicas para mim. Foi um amor que teve reciprocidade, uma coisa louca. Nós nos falamos quase até o último dia da vida dele, um pouco antes de morrer.

Sou um pouco suspeita, porque sou a mais romântica das três. Mas, às vezes, o amor começa a não fazer bem. Morar junto é mais atrapalhado ainda, porque você fica preso com aquela pessoa e perde um pouco a liberdade. É claro que é importante manter um equilíbrio. Mas ter independência é muito bom também. Quando o romance terminava, terminou por terminar. Agora, quando o casamento acabou, eu já estava havia dezoito anos junto com ele, então, senti certo alívio, porque não tinha mais que dar satisfação a ninguém.

Hoje, com tudo mais avançado, tem a ideia do nude. Acho engraçada essa coisa, será que dá tesão? Eles mandarem a foto do pauzinho ou pauzão deles para a gente ficar olhando... Agora, se a pessoa se sente à vontade mandando o nude, manda. Vale tudo. Também tem a questão da nuvem, uma hora alguém resgata. Tenho visto muitas pessoas que têm arrumado namorado na pandemia. Às vezes, o pau mole é pequitito, mas, duro, cresce que é uma beleza. Na atual conjectura, já estamos bebendo sozinhos, dançando sozinhos, foder sozinho também não tem o menor problema. Mande nude, receba nude."

Envelhecimento e vaidade

A velhice ainda é um tabu em muitas sociedades. Não seria diferente no Brasil, um país com profundas marcas de um colonialismo sufocante, no qual somos colocados em "caixinhas" predeterminadas e repletas de diferentes imposições culturais. Muitas pessoas pensam que, se alguém é gordo, deve seguir um padrão específico de vida, se é magro, deve seguir outro. Se é jovem, se comportará de tal forma, caso seja velho, de outra, e assim por diante.

As Avós da Razão romperam essa caixa e não seguem padrão nenhum: elas fazem o que "der na telha" e são felizes assim. Encaram o passar dos anos como algo normal na jornada humana, sem grandes afetações e com bastante humor. Muitas aflições que tinham importância no passado não pesam mais e já foram superadas. É uma época para derrubar qualquer resquício de preconceito e fazer o que o coração pedir. Respeito é a base de tudo.

Para começar, Helena detesta a palavra idoso, termo que não é bem-vindo no seu vocabulário. Bom mesmo é não ter dedos para nomear as coisas e encarar o avançar dos anos com plenitude. Ela não nega que sente o peso físico da idade e até brinca: "Quando dizem que a velhice é a melhor idade, me pergunto qual será a pior". Porém, se tem uma mensagem que gosta de passar, é a da importância de estar viva. Acordar toda manhã, colocar os óculos, molhar as plantas, fazer uma gororoba para comer, ler o jornal, gravar o programa no YouTube: essas são algumas das atividades que fazem os seus dias valerem a pena.

Sonia vive muito o presente, apesar de ter um "pezinho" no futuro. Ela deixa muito claro que o seu tempo é agora. O que passou já não deve interferir no presente, porque ficou, simplesmente, para trás. O envelhecimento é algo encarado com muita naturalidade, e as tarefas do cotidiano continuam as mesmas de sempre. As atividades são feitas de uma forma mais devagar, mas não deixam de serem concretizadas. Ela é a avó que mais gosta de fazer ginástica. Todavia, também não deixa de lado uma cervejinha gelada, ou seja, a sua tese é a seguinte: *carpe diem*.

Tanto Helena quanto Sonia gostam muito de ler. Estão sempre envolvidas em alguma narrativa que as faça sonhar alto diante do som das palavras. Gilda já tem uma sintonia maior com as canções, gosta de ser embalada pelo aconchego das notas musicais. O dó-ré-mi-fá-sol-lá--si faz o seu espírito vibrar.

Gilda encara a tão falada "terceira idade" como algo a ser comemorado. É uma época de desacelerar um pouco para curtir mais a vida. Não dá para esperar o melhor momento – tem que saborear o vinho agora! Tem que ir para o samba já! Não dá mais para privar-se dos seus desejos.

Ela menciona também a questão da sabedoria. Os saberes se ressignificam. Quanto mais tempo se vive, mais experiências se acumulam. É essencial interpretar os sinais que surgem a partir de cada escolha, cada atitude ou cada vontade. E essa aprendizagem intensifica-se, justamente, na maturidade. A velhice não é uma prisão, não é uma cancela automática que cai em cima de nós e não nos deixa ultrapassá-la. Muito pelo contrário, é uma ponte para realizar novos sonhos. É uma continuidade dos nossos dias.

Ilustrando isso, Gilda, a avó mais nova do grupo, é também muito vaidosa. Batom, rímel e brinco são adereços indispensáveis no cotidiano dela. Existe uma relação íntima entre Gilda e brilho – tanto que esse podia ser o seu sobrenome! A verdade é que seria uma concorrente páreo-duro para Rita Hayworth, estrela do filme que leva o nome dessa Avó da Razão, porque nunca existiram outras como elas! É um nome que cai como uma luva para essas mulheres exuberantes.

A vaidade é intrínseca à existência humana e foi se modulando desde que o primeiro habitante da Terra viu seu rosto refletido na água. Que emoção não deve ter sido aquele encontro consigo mesmo! Era a própria imagem tomando corpo na imensidão de um vazio preenchido. Talvez tenha sido naquele momento que a preocupação com o aspecto exterior tenha se manifestado de forma contundente.

Os anos e os séculos se passaram, e, com isso, intermináveis tipos de vaidade – de beleza, de moda e estilo de vida – projetaram-se diante da sociedade. Da nudez sensível dos nativos mais longínquos, passando depois pelos trajes mais elaborados dos gregos e romanos, pelas luxuosas vestimentas das monarquias absolutistas, até chegarmos à leveza dos jeans, muitas roupas e formas de vaidade surgiram. Mas o que ficou é que a diversidade deve ser usada a nosso favor: temos para explorar o que melhor se adequa a nós.

Helena gosta de algo mais clássico, nada muito chamativo. Diz que os únicos acessórios nos quais ela abusa do tempero da vaidade são os óculos e os tênis. Óculos coloridos, de bolinha, de gatinho, quadrados ou circulares, todos são um prato cheio para realçar a sua irreverência. Os tênis coloridos e diferentões também são muito apreciados por ela. Já os seus tipos prediletos de roupas são os "pretinhos básicos", algo que, em seu ponto de vista, faz a pessoa estar elegante e preparada para qualquer ocasião.

Sonia é a mais despojada e eclética, não segue nenhum ritual específico e gosta de usar aquilo que, no momento, agrada-lhe. As suas roupas são mais "simples", alegres e cheias de estilo. Trazem uma jovialidade para a imagem dela, muito parecida com o seu estado de espírito. Além disso, uma de suas marcas registradas são os anéis de prata em quase todos os dedos, que lhe concedem um charme a mais.

Não existe o peso da idade quando se tem uma profunda alegria de viver. O corpo já não é o mesmo, as dores surgem, a bunda cai, as massas ósseas e musculares também diminuem, mas, se existe uma lucidez e uma vontade de ainda realizar algo – e essa vontade não deve cessar nunca, independentemente da idade –, então há muito a contribuir para uma sociedade carente da dádiva de ouvir. O velho tem muito a ensinar, começando por incutir nos mais jovens a necessidade de escutar. A vida não é feita só de tagarelar sem trégua, é preciso prestar atenção no outro e no que ele tem a dizer. Procedimentos cirúrgicos são apreciados por Sonia, que já fez algumas intervenções, mas sempre de forma leve, sem exageros. Sua rotina de beleza inclui um bom protetor solar e umidificantes. Seu verdadeiro remédio para levar a vida numa boa é o alto astral. Ela não dispensa uma boa gargalhada com os amigos, com a família e consigo mesma. Não ser invisível é, primeiramente, se olhar, entender-se e cumprir os anseios da sua vontade.

Outros fatores, como a produção intelectual, mostram o quanto é importante o velho continuar entregando-se a uma atividade; ele é um ser vivo como outro qualquer, que tem muita capacidade de criação. As Avós da Razão surgem, justamente, como um reflexo disso, são uma mensagem de que as pessoas da geração de mais de 60 anos estão cheias de energia e disponibilidade para trabalhar. Não se deve imaginar que o tempo já passou, mas sim que a vida, cheia de recomeços, está ao alcance de todos.

Gilda descreve que ainda existe muito preconceito com relação às pessoas mais velhas, como se existisse um papel estabelecido para elas, principalmente as mulheres. Aquela imagem da vovó do tricô ainda está enraizada na cabeça de alguns. Mas, mesmo com tantos estereótipos a serem desconstruídos, ela vê a vida como nos versos de Gonzaguinha: "Viver e não ter a vergonha de ser feliz; cantar, e cantar, e cantar a beleza de ser um eterno aprendiz".

O seu modo de exercer a vaidade é intenso. Ela se considera um pouco "perua" e não tem medo de abusar do glitter. Roupas chamativas, maquiagens fortes, muito brilho e lantejoula nos tecidos são matérias-primas para a sua alma de artista. Gilda é alguém que gosta de sentir as minúcias da sensibilidade. As madeixas roxas são também um ponto alto da sua feminilidade. Ela põe para fora, literalmente, as cores do seu eu.

As três não escondem a satisfação de estarem ativas e contribuindo para o avanço do pensamento. No programa, muitas perguntas tratam do tema envelhecimento e vaidade. As pessoas ficam curiosas sobre a percepção de cada uma delas sobre o processo de envelhecer, como lidar com as mudanças que o tempo traz para a vida e quais os segredinhos de beleza que guardam. Helena, Gilda e Sonia são mulheres à frente de qualquer tempo: elas vivem como gostam de viver, e isso se reflete na forma como lidam com a velhice.

Ser velha é ser linda, é ser atuante, é ser poderosa. O tempo passa, mas não esgota nosso valor enquanto seres criadores. As limitações estão, muitas vezes, em nossa cabeça. Nós mesmos colocamos obstáculos para atrapalhar nossas possibilidades. O corpo pode estar até mais "cansado", mas tudo se adapta e se modela. Respirar e agradecer são alguns dos ensinamentos das Avós. É preciso ter orgulho desse templo que foi lapidado com lutas, sacrifícios e vitórias.

Helena:

"Prefiro que me chamem de velha do que de idosa, acho muito deselegante essa palavra. Idoso é quase um neologismo, ninguém mais quer falar 'velho'. Ser velho é complicado, todos os amigos da minha idade já se foram, sobraram apenas os mais novos. A sociedade não dá a devida importância para nós. Tem muitos velhos que estão em asilos, sem o poder de escolha, a família põe lá para se livrar.

Dia do Idoso é uma coisa nova para mim. É uma questão de sobrevivência, a velhice dá muita tranquilidade para nós, muitas paixões antigas já foram ultrapassadas e muitas raivas também. Envelhecer é bom porque a gente não interrompeu a caminhada em cima desta terra. A gente não pode ficar triste, se bater um baixo astral, pensa em outra coisa, faz alguma atividade em casa, toma um banho que alivia.

Tem uma fulana aí, uma amiga minha, que, quando ligo para ela, só escuto reclamação. Pergunto se está bem, ela fala que sim. Mas diz que tudo está muito chato, que a perna dói, o joelho está ruim. No meio da conversa, ainda fala sobre o problema intestinal dela. Ah, faça o favor, o que me interessam os intestinos dessa senhora? Não podemos cultivar a tristeza. Quero que todas as velhinhas do Brasil fiquem como eu: em vez de tomar remédio, tomem um bom uísque.

Sou muito exibida, então, não sei se sou invisível. Sou xereta. Eu não chego ao exagero de me achar bonita, mas me acho interessante, divertida e feliz, isso sim. Outro dia, fui abordada no bar por uma geriatra, me achando um fenômeno. Eu moro sozinha (aos 93 anos), e é muito bom. Os jovens, às vezes, acham que os velhos são incapazes.

Uso o creme Pond's até hoje. Imagina se tenho algum segredo, a minha vida é um livro aberto. Sempre tive esta cara. Lavar o rosto é importante, escovar os dentes, ser limpinha. Tentar ser simpática e ser sorridente. Sou a favor de procedimentos estéticos desde que não sejam tão onerosos. Uma vez vi uma mulher, no Carnaval, com a cara esticada, brilhante, mas o pescoço, misericórdia, pior do que de peru. A lei da gravidade é inexorável, tudo cai.

Cresci sendo uma menina feia. Agora, a pele é resultado de uma boa alimentação.

Me sinto como um Lamborghini. O meu corpo é onde moro, por isso cuido o máximo possível dele, dou alimentação, higiene e tranquilidade. Outro dia saí na calçada e o meu vizinho disse: 'Você está com um corpinho...'. Mas não estou nem miando mais (risos). Com 40 anos, não deixamos de ser jovens. A gente só deixa de ser jovem quando já está com 90. E nem assim a gente fica velha. Tenho a impressão de que a gente nunca fica. Fiz 90 anos, mas não sei se estou velha."

Sonia:

"É duro ficar velho no Brasil. O velho é um dos invisíveis. Todo dia é o nosso dia, é dia de sermos amados, prestigiados, não sofrermos preconceito. Ficar velho significa que você acumulou experiências, teve uma vida longa e por isso teve vários empregos, passou por épocas boas e más, teve seus percalços e está aí. Temos saúde para ter chegado à velhice. Somos um verdadeiro arquivo ambulante. O conselho que dou é: saia da cristaleira, você não é um bibelô, não é frágil, e sim uma pessoa cheia de vida e coisas para dar.

Agora, se você tem personalidade e opinião, não fica invisível nunca. Não há nada melhor na vida do que morar sozinho, ter o seu espaço, abrir a porta da sua casa e saber que aquele local é seu, algo que fica com o seu cheiro, com o seu perfume. O jovem acha que o velho não sabe fazer mais nada, mas ele é uma pessoa como outra qualquer. Ele pode até fazer as coisas mais devagar, mas faz. Envelhecer está na cabeça. Se você cultua o bom humor, tem um remédio e tanto contra a velhice. Nós queremos dar voz ao velho.

Existe muito preconceito ainda. Uma vez, eu estava andando pela avenida Paulista, que tem uma calçada larga e dá para o pessoal andar à vontade. Vi que vinha uma mulher fazendo *cooper* e, de repente, ela deu um encontrão no meu ombro e ficou muito puta comigo. A garrafinha dela foi parar na puta que pariu e ela ficou indignada. Se virou para trás e falou: 'Além de vaca, é velha'.

Gosto muito de me consultar com dermatologista. Às vezes, faço um procedimentozinho. Uma coisa muito leve. Discreta. Acho que dar um tapinha na cara é válido, você se olha no espelho e fica mais feliz. Não precisa fazer algo invasivo, dá para fazer algo que fique bem equilibrado. Tudo que incomoda temos que tirar da frente. Plástica é algo muito pessoal. E, no dia a dia, eu uso um bom umidificante e não tomo sol sem protetor solar. Uso protetor pela manhã, todos os dias. Somos gatas, mas despeladas.

Eu me sinto como um conversível vermelho da década de 1950, mas só que de garagem. Eu faço o possível pelo meu corpo e ele faz o possível por mim. Uso biquíni e não quero nem saber, preciso de vitamina D em todas as partes. Tem uma coisa, essas exigências de corpo perfeito são uma besteira muito grande, cada um tem o corpo que quer, usa como quer, faz dele o que quiser, porque isso é um assunto particular.

A gente se empenha em não deixar a peteca cair. É que a gente toma cerveja, sai e areja a cabeça. Com a menopausa, perdi um pouco de massa óssea, mas, com a reposição hormonal, recuperei. Não perdi tesão nenhum. E tem outra coisa: não faz parte da vida ser lindo, faz parte viver com o que se tem. O corpo do velho foi muito trabalhado, lapidado, temos que ter orgulho por dentro e por fora."

Gilda:
"Eu prefiro falar velho do que idoso, idoso é aquele que é antigo. Tem uma vantagem em ser velho: a gente ganha uma sabedoria a mais e temos de viver o que nos resta de uma forma feliz, rir muito e nos divertir muito. É por aí que encontramos a felicidade. O velho pode fazer tudo, desde que ele queira. Acho que a velhice é um estado de espírito. Não podemos nos largar. Você tem que se arrumar e se inteirar das novidades.

Já arrumei muito namorado por causa da Helena. A gente vai ao bar, toma cerveja até aqui (ergue a mão até o nariz), aí ela fala: 'Vou ao banheiro'. Porra... ela vai parando de mesa em mesa, acha um assunto, elogia um casal. Na ida ou na volta do banheiro, vai fazendo o social, então, se tem alguém que não é invisível, é ela. A gente tem uma autoestima boa. Somos mulheres que estamos acima da média da nossa idade. A gente briga pela independência do velho.

Sou muito desorganizada, não tenho segredo de beleza. Mas tive fases, uma delas foi usar o creme Pond's. Depois me ensinaram que era para misturar vitamina A com Hipoglós. Só que aparentar menos idade tem um pouco a ver com DNA, porque a minha mãe tinha uma pele boa e as minhas duas avós também. Ainda estou inteirinha, não estou tão tombada assim. Mas acho que o que mais vale é a alegria, estar gata ou não estar gata vem de dentro. Não adianta corrigir a cara inteira e por dentro estar com tristeza.

Não tive muito problema com a menopausa. Tive um mioma e por isso precisei retirar o útero, então, acho que isso influenciou. O pessoal fala que perde o tesão, mas é mentira. Ao contrário, porque, quando você sabe que não vai mais engravidar, é uma maravilha. Não tinha aqueles calores com muita frequência, mas tive um caso curioso.

Fui a um jantar em São Paulo, bem *petit comité*, fazia um frio de lascar. Tinha comprado uma blusa linda de gola rolê, estava realmente bonita. Nem sutiã eu botei. Mas no meio do jantar, começou a subir aquele calor e correr um suor que foi escorrendo do pescoço até o rego. Além de tudo, assou o rego (risos). Foi um desconforto. Parecia uma couraça.

Olhando fotos antigas, você fala: Jesus, eu já fui assim! Mas tudo continua aqui, firme e funcionando, só que fora de medida. Tenho uma técnica, eu gosto muito de me arrumar, então, não relaxo na roupa e na maquiagem. Vou ao espelho, olho para mim e falo: 'Vamos embora que você está bonita!' Quando saio da frente do espelho, acho que estou um espetáculo, coloco um salto e pronto. Eu sou assim, modesta (risos).

Quando a gente não está muito bem, nada como um banho para revigorar. Se bate uma tristezinha, eu tiro um cochilo, sou boa de cama. Não está legal, ouve uma música alegre, liga para as pessoas, fala mal do governo, fala de dança, pintura, nós precisamos mudar de pensamento. Dói a coluna, doem as pernas às vezes, mas não podemos fixar nisso. Tem dia que acordo virada na cachorra, mas não é tristeza, é nervosismo.

Falando de corpo, temos que tomar cuidado com plástica, porque não podemos ir a um curioso, como acontece muito hoje em dia. Daqueles que transformam a nossa cara em um horror. Atualmente tem muitas meninas que inventam de 'colocar' boca, nossa, como fica feio! Quando ficamos mais velhas e ganhamos aquele código de barras no bigode, é bacana fazer uma correção. Acho muito válido, só que tem que escolher muito bem o cirurgião.

Já pensou puxar a cara inteira, ficar toda esticadinha, aí arruma um bofe, vai transar com ele, deita na cama toda linda, mas, na manhã seguinte, despenca tudo? Ou até no mesmo dia, o bofe vai te dar um beijo na orelha e sai com um Band-Aid na boca. Misericórdia, fica difícil de manter um clima. Por isso, temos que procurar um equilíbrio. Algo que não traga consequências ruins.

Agora tem uma coisa, nós somos velhas interessantes. Sempre fui meio perua, sempre gostei de batom, de usar brinco, de pintar o cabelo cada vez de uma cor diferente. Esse é o meu estilo. Não sou nem mais, nem menos por isso, sou apenas eu. Se pudesse, andava de glitter da cabeça aos pés, porque adoro. Quando eu morrer não quero que digam que a *nonna* virou uma estrelinha no céu, imagina, só se for uma constelação inteira.

Não deixo de colocar um maiô, porque amo o mar. Quem quiser olhar, que olhe! Quem não quiser, que olhe para o outro lado. Cada uma das ruguinhas foi choro demais e foi riso demais. A gordura na barriga foi um filho, que te dá alegria, ou foi um chope, que também te dá alegria. É importante cuidar dessa casa, desse corpo, você será feliz nele. Precisamos estar felizes com aquilo que temos."

Juventude, feminismo e legalização do aborto

As Avós nasceram cada qual em uma década diferente do século XX, e a juventude delas foi um misto de emoções. Novos estilos de música, novas formas de vestir-se, diversas vitórias para a igualdade de gênero e muitas outras efervescências aconteceram. Tudo junto e misturado.

Foi assim para Helena, que nasceu no fim da década de 1920, ainda na época da política do Café com Leite, na qual alternavam-se no poder da República homens nascidos em São Paulo ou em Minas Gerais.

Sonia veio ao mundo quase dez anos depois, já no fim da década de 1930, em plena ditadura do Estado Novo, no governo de Getúlio Vargas. O país havia tido um avanço em diversos segmentos, como o voto feminino, a regulamentação das aposentadorias e os direitos trabalhistas. No entanto, era acometido por uma grande falta de liberdade de expressão política, de agir conforme os próprios ideais. Para não falar dos problemas advindos com a Segunda Guerra Mundial.

E foi em pleno conflito entre os Aliados e o Eixo que uma paulistana da gema, mais conhecida como Violeta, mãe de Gilda, deu à luz uma menina forte e sadia. Inclusive, os astros e o calendário influenciaram e muito o nascimento da criança, que aconteceu em pleno sábado de Carnaval, no ano de 1942. Foram muitos os arremessos de serpentina e as marchinhas envolventes que embalaram os primeiros dias da linda bebê de olhos grandes e azuis.

Todas as três alegres companheiras têm origem italiana e, sendo assim, herdaram um jeito gostoso de contar histórias, de gesticular com as mãos, uma alegria de viver que sempre deságua em uma risada gostosa. "*Mamma mia*", quantos momentos do cotidiano brasileiro elas vivenciaram! Quantas vezes foram espectadoras das transformações socioculturais que o país e a sociedade atravessaram. Muitos dos conceitos aprendidos na fase da adolescência mudaram totalmente, e as Avós são parte dessa mudança.

Helena nasceu em Bebedouro, cidade do interior paulista que fica a aproximadamente 385 quilômetros de distância da capital do estado. Sua juventude foi passada integralmente no interior, junto com os pais e os irmãos menores. Todavia, era uma infância muito carente do afeto materno. A mãe dela, dona Ignez, ficou órfã cedo demais e teve uma criação muito rígida e solitária. Por isso, quis incutir na criação dos filhos uma rotina moralista e repressora.

Foi uma infância condicionada ao certo *versus* errado. Não havia lugar para dúvidas. Não havia espaço para indagações. Era a velha resposta vazia do "porque não". Mas a menina esperta e cheia de vida não se contentava em viver uma realidade sem sonhos realizados, mesmo em meio a uma juventude de apreensões e receios. Falar sobre sentimento amoroso, menstruação ou sexo era comparado a pornografia. Helena sentiu na pele a dor da falta de liberdade.

Certo dia, conheceu um jovem rapaz pelo qual se apaixonou loucamente e com quem trocou juras de amor. Porém, algum tempo depois, o rapaz precisou se mudar da cidade, o que acarretou o início de uma correspondência entre eles – escrita à mão, logicamente, porque as mensagens de WhatsApp surgiriam mais de sessenta anos depois.

O tempo foi passando e as cartas cessaram. Helena se perguntava: o que teria acontecido? Será que a distância teria acabado com o romance?

Não! Havia uma outra razão, conflitante demais para a cabeça de uma menina que ainda não entendia todos os meandros da relação humana. A verdade é que dona Ignez passou a queimar todas as cartas que chegavam. É possível analisar, por aí, a arbitrariedade do preconceito e o quanto ele é feroz na desestruturação da vida de alguém. Quanto mais o tempo passava, mais vontade de livrar-se daquele ambiente repressor se imbuía nos pensamentos de Helena. E, quando os esperados 21 anos bateram à porta, ela não pensou duas vezes: São Paulo era o seu destino. O trem esperava-lhe, agitado e inquieto, mas com fumaças de boa sorte.

Sonia cresceu ao lado de uma única irmã, Guida, com uma mãe igualmente repressora. Uma mulher muito bonita, que não viu com bons olhos o florescer das filhas.

Havia uma competição velada e isso atrapalhou a juventude das meninas. A vontade de conhecer mais sobre si e sobre o outro era reprimida, antes de tudo, pela sociedade. A maioria das pessoas crescia muito influenciada pela Igreja, que sempre ditou, via de regra, condutas excludentes e castradoras.

Essa foi também a sua criação, porém, sua sagacidade fazia-lhe perceber os diferentes detalhes da vida real. Se, fora de casa, a vida marital deveria parecer "perfeita", como nos comerciais de margarina, dentro de casa as coisas eram frias e repletas de hipocrisia. O casamento, muitas vezes, era quase um "negócio", e nem sempre existia uma fidelidade como a anunciada nos sermões dos padres. O pai de Sonia, em dado momento do matrimônio, arranjou uma amante, mas não se separava da esposa, porque essa atitude não era "bem-vista" pela sociedade. Era necessário manter as aparências, e uma mulher separada, então, era vista com olhos ainda mais agressivos.

Diante de tantas repressões, Sonia iniciou um namoro às escondidas, com um homem dez anos mais velho do que ela, por quem se apaixonou perdidamente. Ela era uma jovem adolescente, que pouco tempo antes ainda brincava de bonecas. Mas o romance amadureceu a sua forma de olhar o mundo e, segundo o seu entendimento, era normal viver seguindo as próprias vontades. O namoro virou algo mais sério e, aos 16 anos, ela entrou para o time das casadas.

Era curioso observar como a vida se mostrava diferente para cada pessoa, principalmente para as mulheres, que viviam muito mais cerceadas em seus anseios. Sonia já conseguia perceber, desde pequena, as sutilezas e violências oriundas do preconceito de gênero. Os homens ditavam regras e as mulheres "cumpriam" essas regras.

Um exemplo disso aconteceu quando Sonia ouviu um homem dizer que bateria em sua mulher caso ela usasse calças. Havia um arquétipo construído, inclusive, para as vestimentas do homem e da mulher. Calça era algo muito "masculino". Como assim? Se pensarmos nisso, em 2013, seria quase "inacreditável" ouvir algo desse tipo. Todavia, era a realidade de um público feminino sempre massacrado pelo patriarcado. E se hoje o cenário "melhorou", foi graças à luta e às lágrimas de muitas mulheres.

Gilda teve uma juventude muito alegre e vivia com maior liberdade. Havia uma harmonia conjugal sincera entre os seus pais, que eram parceiros dos filhos – três rebentos espertos. A única menina desse matrimônio, claro, era paparicada por todos. Os irmãos saíam, juntos, para bailinhos de Carnaval no Rio de Janeiro, sessões de cinema e programações culturais. O mais velho, Caetano, era músico. Gilda pôde acompanhar, então, o nascimento de novos estilos musicais, como a bossa nova, no piano da própria casa. E, naquele piano, Tom Jobim – sim, o próprio! –, amigo da família, tocava composições que faziam a moçada delirar.

Apesar de não viver tão cerceada em suas vontades, a menina já compreendia que havia papéis preestabelecidos para as mulheres e para os homens. A mulher era colocada, muitas vezes, em um lugar de submissão. Dependendo de cada atitude que tomasse, ficaria "falada", com o nome na boca da vizinhança e dos parentes, de uma forma nada agradável. Ela quis ser artista, o pai não deixou. Bastava o irmão músico. Era uma época em que havia muito preconceito contra a carreira artística. Não era como no cenário atual, com os pais empurrando os filhos para os programas de televisão.

A força para lidar com os freios que a sociedade impunha a elas nasceu, justamente, de uma alegria interior muito forte e de uma luta constante por ser quem desejavam. As três foram feministas desde cedo, mesmo sem saberem. Aos poucos, foram quebrando as barreiras da incompreensão. O feminismo foi estruturando-se, com passos lentos, no Brasil. Algumas mulheres libertárias furaram bloqueios e assim abriram caminho para outras pessoas.

A primeira feminista reconhecida no Brasil pelos seus feitos em busca de igualdade de gênero foi a escritora Nísia Floresta Augusta (1810–1885), que defendeu o direito à educação avançada para as mulheres, sendo responsável pelo primeiro colégio que ensinava matérias como matemática, ciências e história às meninas, antes relegadas apenas aos aprendizados do lar. Nísia lutou pela emancipação das mulheres, inclusive, incentivando-as na participação política.

Uma escritora que ajudou, e muito, na disseminação da luta de gênero foi a francesa Simone de Beauvoir. O seu livro *O segundo sexo*, publicado em 1949, revolucionou a forma de pensar de diversas cidadãs ao redor do mundo, e não foi diferente com algumas mulheres brasileiras. Foi um marco para que a própria figura feminina fosse enxergada através de outros prismas. Patrícia Galvão, mais conhecida como Pagu, foi outra pioneira do Brasil, tendo desafiado padrões sociais. Na década de 1920, ela já fumava e bebia em público, escrevia para os jornais, militava politicamente contra as injustiças enfrentadas pelo operariado, falava palavrões e fazia questão de existir conforme o seu próprio estilo de vida.

Helena, Sonia e Gilda não tiveram problema com a virgindade, aprenderam a não se importar com a opinião dos outros e foram progressistas em diversos setores da vida. Um deles foi a questão do aborto. Helena falou abertamente sobre a experiência que teve com isso em sua juventude. Ela pontuou que não tinha qualquer envolvimento sério com o rapaz com quem havia transado. Morava de aluguel e precisava do salário que recebia como secretária para sobreviver; caso prosseguisse com a gravidez, teria de se afastar do trabalho. Ter uma criança, naquele momento, era uma realidade que ela não conseguiu encarar. Em sua opinião, compartilhada pelas amigas, esse é um assunto particular: a escolha em prosseguir ou não com a gravidez depende, exclusivamente, da mulher.

Foi assim, colocando todo o sentimento para fora, que as Avós contaram as suas histórias sem fingimento ou hipocrisia. A vida pulsa dentro delas com uma intensidade ímpar.

Helena:

"A juventude é muito bonita. É a época dos sonhos e da fantasia. É o tempo da vida em que se tem mais incertezas, mais perguntas e menos respostas. Você tem uma expectativa sobre algo, sonha com aquilo, mas, ao conhecer, vê a porcaria que era. As pessoas, às vezes, não têm um amparo. Houve uma época em que pensei até em ser freira, olha que horror! Eu devia estar tão perturbada...

Pensei em ser escritora também, escrevi umas quatro páginas e parei.

A minha adolescência foi sob o jugo de uma mãe muito repressora. Não se podia falar certas coisas, não se podia andar com certas pessoas, nem mesmo ir a festas ou bailes, foi muito ruim. Minha mãe falava coisas assim: 'Não se põe colher inteira na boca' e 'Isso não é palavra para andar na boca de uma menina bem-educada'. Tanto que, quando me deram a liberdade, eu capei o meu gato, como diziam os meninos de lá. Fui embora. Enfim, foi uma adolescência chata, sem graça e em um lugar que não oferecia grandes coisas.

Minha mãe, um dia, me olhou de um jeito carinhoso, terno, achei que fosse carinhoso. Só que ela virou e disse: 'Meu Deus do céu, como você é feia!'. Fiquei pensando que, se a minha mãe falava aquilo, eu devia ser feia mesmo. Tudo o que eu fazia era errado, ela me beliscava e me colocava de castigo. Só que essa história de me colocar para baixo era uma forma de competição: 'Sou bonita e tenho uma filha feia!'.

Pelo fato de eu ser estrábica, a minha irmã, quando a gente brigava, me chamava de caolha. Só que a briga acabava ali, porque eu começava a chorar. Era muito magrela e tinha a perna fina também. Um dia, chegou uma mulher da roça lá em casa e disse para a minha mãe: 'Ela tem os olhos bonitos, pena que são tortos'. Tive um namorado que me chamava de 'meu xavequinho', é duro, né! Como superei tudo isso? Não sei até agora! Minha avó e meu pai eram os únicos que gostavam de mim.

Tive uma avó só, que era a paterna. Toda semana ela fazia pão, então, a gente corria para a casa dela. E ela gostava muito de falar mal do *nonno* comigo. Falava que ele era um carrasco, contava as maldades dele. Outra lembrança que tenho da minha avó é justamente no velório do meu avô. Para todo mundo que chegava, ela dizia: 'Quer um vinho, quer um café?'. Parecia que era uma festa. Passou uma semana, estava fazendo muito calor e ela disse: 'Coitado do Tomazzo, deve estar sentindo um calor lá no inferno!'. Eu gostaria de ser filha da minha avó.

Além de a minha mãe falar que eu era feia, teve uma situação no colégio... Tinha uma rodinha de meninas e, quando cheguei mais perto, ouvi elas falarem: 'A menina mais feia do colégio é a Helena'. Me puseram mais pra baixo do que cu de cobra. Com o tempo, fui eliminando esse sentimento de feiura, comecei a gostar da minha carinha e teve gente que me achava bonita. O tempo passou e isso foi para as calendas. Principalmente no dia em que estava com a minha filha Dedé no colo e falei: 'Quem é que tem a filha mais bonita do mundo?'. E ela respondeu: 'A vó Ignez' (mãe de Helena). Aí me achei linda e maravilhosa.

Eu me vestia conforme a minha mãe mandava. Então, ela fazia umas roupas muito esquisitas para mim e eu saía como um Judas em Sábado de Aleluia. Agora, anágua foi uma coisa terrível. Um dia, estava conversando com uma turma de amigos e apareceu uma barata na parede. Um cara deu um tapa nela, ela subiu na minha anágua e eu não conseguia saber onde a barata estava. Quase fiquei pelada no meio da rua. Anágua nunca mais.

A maior loucura que fiz na vida foi sair daquela coisa plácida e flácida do meu colegiozinho de freiras e vir me aventurar sozinha, em São Paulo, sem nenhum projeto e sem nenhum plano. Você não sabe como é bom a gente fazer uma loucura de vez em quando. A minha mãe só me deixou sair de casa porque eu já tinha feito 21 anos e, então, era responsável pelos meus atos. Lá no interior diziam assim: 'Ah... essas garotas que vão para São Paulo vão virar putas'. Mas eu não tinha o *physique du rôle*. Também não havia prostituta de óculos. Sei que foi muito bom sair do jugo maternal.

Conforme as coisas vão aparecendo, você vai fazendo. Quando vim para São Paulo, não sabia o que fazer. Mas deu tudo certo. É uma inquietação normal estar indeciso quando somos jovens. Agora, tem uma coisa, quanto mais a gente lê e estuda, maiores oportunidades teremos. Foi muito boa a minha vinda para cá.

Essa história de fazer 40 anos e se sentir velha é besteira. Esse período é quando a vida começa, já tive duas vezes os 40 anos e mais dez por cima (90), e a vida continua boa. Quando eu fiz 40, não tinha mais as regras, então, acabou o medo de pegar uma gravidez indesejada, foi a minha liberdade total. Foi também a época mais produtiva em matéria de trabalho para mim. As crianças cresceram e trabalhei bastante.

O movimento feminista começou muito antes de nós. Mas, no Brasil, sempre foi muito devagarinho. Hoje está melhor do que nunca. A conquista do voto foi um passo bem grande. Tive sorte que nenhum cara que conheci queria uma mulher que soubesse lavar e cozinhar. Antigamente, qualquer conversa sobre sexo era considerada pornografia. Hoje, nenhum colégio mais dá aulas de economia doméstica. Nós tivemos essas aulas. O bom desse movimento são as mulheres irem para a frente e reclamarem, sem medo. É preciso conquistar salários iguais para cargos iguais. E denunciar os homens que as assediam.

Eu me lembro de uma que aprontei. Um rapaz chegou um dia perto de mim e começou a falar 'coisas' no meu ouvido. Aí virei e disse: 'Olha, fala mais alto que sou surda, fala bem alto'. Ele afinou e foi embora.

Minha neta nasceu nos Estados Unidos, mas se considera brasileira. Ela me disse que, quando ela falava que era brasileira, vinha alguma piadinha ou algum assédio. É um preconceito que alguns deles têm contra qualquer latino.

Teve também outro episódio. Eu estava em um ônibus superlotado, e um sujeito grudou atrás de mim. Não sabia o que fazer e andei um pouco para frente, e ele veio atrás. Isso continuou até uma hora em que fiquei na ponta do pé. Usava um sapato alto, daqueles bem fininhos, e quando ele foi chegando novamente, larguei todo o meu peso em cima do sapato dele. Só escutei o gemido: ahhhhhh.

Você imagina, naquele tempo, uma menina dos seus 25 anos que ficava grávida. Estou falando sobre essa daqui (aponta para ela mesma). Tive que fazer um aborto, porque não tinha nenhum lastro amoroso, nem intelectual e nem de amizade com aquele rapaz. Não poderia continuar trabalhando grávida também. Somos a favor da legalização do aborto."

Sonia:

"Eu tive uma mãe muito competitiva. Ela realmente era muito bonita, mas foi ficando mais velha com o passar dos anos e não se conformava. E minha irmã e eu estávamos na flor da idade. Só que ela colocava a gente sempre para baixo, dizendo: 'Não me troco pelas minhas filhas'. Dizia também que nós não chegávamos na sola do sapato dela. Foi isso o que ouvi toda a minha mocidade.

O relacionamento dos meus pais era uma convivência burocrática, eles se davam bem, mas sem arroubos. Era um casamento meio sem graça. Depois de uns tempos casado, meu pai arrumou uma amante e, naquele tempo, não se costumava separar, não existia divórcio, e ele foi levando aquele caso até o dia em que foi morar com ela. Então, os meus pais acabaram se separando.

Quando a gente é jovem, acha que tudo é possível, porém, com mais experiência, percebemos que a maioria das coisas não são como queríamos. Muitas são, inclusive, meia-boca, e já está bom demais. Não sou uma velha saudosista, até porque a minha infância e juventude foram chatas, porque eu era muito reprimida.

Quando criança, eu usava uma roupa tão incômoda, que pinicava tanto, era um inferno. O tecido se chamava organdi, e as meninas usavam muito. Eu chorava bastante quando precisava vestir aquilo e ia para os lugares com o olho vermelho e com a cara inchada. É uma lembrança que não me sai da cabeça.

Naquele tempo, o puro algodão, tão celebrado hoje, era considerado um tecido vagabundo. Lembro que as moças 'tinham que ter' a cintura muito fina, então, a minha irmã dormia, toda noite, com uma faixa amarrando a cintura por baixo do pijama, achava que daquele jeito não iria engrossar.

Naquela época, foi uma modernidade o colégio chamar um psicólogo para fazer avaliações. Íamos para uma sala e ele mostrava algumas figuras para nós interpretarmos.

Ele me mostrou uma figura de um homem trepado em uma cadeira olhando pela janela e perguntou o que eu estava vendo. Só que pensei que era óbvio falar aquilo, então, fiquei quieta, acabando por não passar de ano. Fui reprovada no primeiro ano primário.

O período da adolescência não é normal, a gente fica normal depois. Preferia ter dois filhotes de leão na minha casa do que lidar com adolescente. Mas, como tive filho quando eu ainda era adolescente, tinha uma diferença de idade pequena quando eles chegaram nessa fase. Assim, foi mais fácil de entendê-los, porque você tem que dar um freio de vez em quando e eles estão naquela época em que querem uma liberdade que ainda não sabem como usar.

Aos poucos, as mulheres estão ficando mais empoderadas, seguras de si. As coisas têm melhorado. Não existe ser diferente, cada um é como é. Estamos acostumadas a quebrar paradigmas, tabus, preconceitos. Já estamos calejadas. Cada um, ao seu modo, já quebrou certos tabus. Até as campanhas publicitárias de hoje estão ajudando a não fazer diferença entre quem é gordo ou magro, velho ou moço, gay ou não. Gentileza também muda de moda. Hoje, são outros tipos de gentileza.

O movimento feminista evoluiu muito, haja vista como tem pessoas contra. Porque, caso contrário, não estariam reclamando tanto. Eu era bem moça e me lembro de uma vez estar na rua e ouvir uma conversa entre dois caras, um deles falou: 'O que você faria se a sua mulher usasse calça comprida?'. 'Encheria ela de porrada', respondeu o outro. Mulher não podia fumar na rua. Tinha que fumar em casa. Era uma educação para se casar, para arranjar um homem. Não precisava ter profissão. Hoje é outro mundo.

A mulher tem que se vestir como ela quiser, ela tem que ganhar igual ao homem, tem muita coisa séria ainda para ser conquistada.

Antigamente, não existia quase nenhuma opção para as mulheres. Existiam as profissões masculinas, isso tinha aos montes. Já a mulher não tinha nenhuma. Hoje, há um leque enorme de coisas para fazer. Tem trabalhos de mergulho, de pesquisa, de matemática, é um leque muito grande e dá para ir experimentando um pouco de tudo.

Agora, tem uma coisa, acho que as mulheres estão sofrendo verdadeiro abuso de terem que parecer ou sentirem-se jovens. A juventude está prensando as mulheres de 40, quando, na verdade, essa é uma idade em que a pessoa não está nem sequer na metade do que ainda vai viver. Já foi o tempo em que uma mulher com 40 anos era considerada velha. Hoje, ela está em plena vida sexual, profissional, familiar e atuante em suas ideias. Não existe razão para ficar deprimida. Temos que encarar isso como uma idade maravilhosa e sem fingimentos.

O aborto, por exemplo, é encarado com fingimento, porque todo mundo que precisa fazer faz! Ninguém quer sair fazendo aborto, quando a pessoa faz, é porque precisa. A rica faz, porque paga uma baba, mas a pobre acaba até morrendo. Acho que os homens são culpados, porque, se eles ficassem grávidos, isso já tinha passado no Congresso. Nós somos da época em que não tinha pílula, hoje já existe. Então, as moças de agora podem tomar a pílula. Mas quem sabe do seu corpo é a pessoa que engravida. Ela tem que ter a possibilidade de escolha e ponto-final."

Gilda:

"O meu pai e a minha mãe formavam um casal muito legal. Eles eram felizes. Touro com virgem, diziam que era uma união perfeita. Minha mãe era uma patricinha da época. Mas era uma delícia ver os dois: ela era muito bem-humorada, meu pai já era mais sisudão. Mas liberava a casa para a gente, se divertia conosco, sempre participando. Tenho uma lembrança doce do casamento deles.

A minha adolescência foi muito divertida. Eu tinha dois irmãos mais velhos. Então, até os 18 anos, eu saía com o meu irmão mais próximo em idade, ele era três anos mais velho. Depois, comecei a sair com o meu outro irmão, que era músico e tinha sete anos a mais do que eu, essa foi a fase mais divertida. Ele me levava para tudo o que era canto.

Nessa fase, você acha que pode fazer o que quiser. Eu pensei em ser artista: bailarina ou cantora. Mas fui podada. Já tinha um irmão artista, então, os meus pais achavam que bastava um. Acabei fazendo curso de secretária. Era uma época difícil para escolher as coisas. Foi bacana ter uma família grande, íamos de férias para Santos, onde tínhamos uma casa gostosa. Só tenho gratas lembranças. Mamãe tinha uma cabeça muito aberta, eles puxavam o freio de mão, mas a gente podia namorar.

Era engraçada a moda no nosso tempo, mas não usávamos mais espartilho; agora, anáguas, tínhamos sim. Havia muita influência do cinema norte-americano, daquelas meninas que dançavam nos filmes. Eu tinha umas cinco anáguas. Usávamos rolinho no cabelo, bobe e cabelo enrolado na meia. Na minha primeira comunhão, inventaram de fazer isso, tive vontade de mandar todo mundo à merda. Esses sapatos que agora se chamam rasteirinhas se chamavam chispas de fogo. Eram iguaizinhos. Depois veio a moda dos vestidos sacos, aqueles tubinhos retos. Eram bonitos.

Minha mãe foi feminista, foi uma das primeiras mulheres a cortar o cabelo *à la garçonne*. Foi um escândalo, tudo por causa do cabelinho curto. Além disso, ela foi também uma das primeiras mulheres a votar. Ela já queria votar. Hoje, vejo as moças andarem de shorts e penso que, no meu tempo, era uma roupa apenas para ir à praia. Em São Paulo, nem se sonhava com isso. Mesmo no Rio, se você fosse na confeitaria Colombo, não podia ir de shorts. Eu saía com o meu irmão Caetano, a gente ia muito ao cinema juntos. Um dia íamos sair, mas eu estava sem bolsa. Então, ele disse que não era bonito uma moça sair sem bolsa, porque poderia parecer que ela queria que o rapaz pagasse tudo. Olha o pensamento.

Os homens mexiam muito com a gente e aquilo não era agradável. Ir na feira era uma catástrofe, você ouvia cada coisa. Chamavam de gostosa, falavam sobre a mexerica (com segundas intenções). No cinema era um caos, o cara vinha chegando, cutucava, passava a mão na perna. Eram muito audaciosos. Éramos assediadas e tínhamos que ficar quietas. Mas a moçada de hoje não vai passar recibo. Falou merda, vai ouvir merda. Lembro que quando tingi o cabelo de roxo, em 1990, todo mundo me olhava. Pessoas da minha família falaram: 'Pra que você pintou o cabelo dessa cor?'. Pintei porque gosto e pronto! A gente sempre andou ao contrário do fluxo.

A fila anda, fiquei 18 anos casada e, quando me separei, tinha 41 anos e dois filhos. Falei: 'Quem vai querer essa mulher?' Me achava uma velha... Mas o que farreei depois não está no almanaque. Inclusive, lidava com o preconceito, porque, quando me separei, algumas amigas não me convidavam mais para ir na casa delas, porque era desquitada. Achavam que eu poderia ser uma ameaça para os homens delas. De qualquer forma, aquele período foi uma alegria só. Tudo o que não fiz antes fiz depois. Eu disse: não gosta mais de mim, até logo, passe bem, que vou partir para outra. A vida está todinha aí, e sempre te oferecendo coisas.

Sempre fui a favor de o aborto ser descriminalizado, porque é uma coisa tão pessoal. Cada um sabe de si, do seu corpo, das suas necessidades. O conceito religioso depende de cada um. Se você acha que Deus vai te castigar, é um assunto seu também. Nunca precisei fazer um aborto. Quando fiquei grávida, estava querendo ter filhos. Sempre me cuidei demais, exatamente porque não sei se teria estrutura psicológica para fazer um aborto. Mas, naquele momento, estava casada, com um homem que amava, gostava dele, podia ter filhos, então tive. Mas se fosse em outra situação, será que pensaria assim? Não sei!

Agora, esse é um assunto da mulher, da pessoa que engravida. A mulher, às vezes, tem problema de saúde, de dinheiro. Se aquele é ou não o momento de ter um filho, a pessoa que engravida é quem deve saber. O governo não tem nada que se meter nisso. É melhor evitar o aborto, mas, quando não dá para evitar, não se pode criminalizar."

Maternidade, educação e religiosidade

A maternidade é cultuada desde os primórdios da humanidade. A Deusa-Mãe, como ficou conhecida a natureza, é um desses símbolos que transcendem a história civilizatória do mundo. Dela, remontam diversas perspectivas sobre a presença feminina na construção de uma civilização. A figura materna, então, desde Gaia, traz consigo a ideia da fertilidade. E essa fertilidade entrelaça-se com outros dois temas de imensa importância: a educação e a religiosidade.

Os filhos de uma cultura são peças fundamentais de uma organização social, e a figura da mulher carrega uma simbologia sobre a importância da maternidade. Ser mãe é, realmente, uma parte essencial da manutenção de um povo e de uma cultura. Todavia, a mulher não pode ser restringida ao papel materno e nem menosprezada por não o experimentar.

Fugir dos estereótipos foi sempre uma missão das Avós. Para elas, o importante é deixar o coração ditar os passos na caminhada da vida. Foi assim que passaram pelos momentos desafiadores de suas jornadas. Ainda na infância e adolescência, tiveram de lidar com as aprendizagens rígidas das escolas que frequentaram. Se por um lado existia uma rica diversidade cultural, em que o aluno aprendia, além do português, o francês, o latim e o grego, por outro lado, era um ambiente cerceado e repressor quanto a diversos assuntos, como gênero e religião.

As três alegres companheiras passaram por colégios de freiras, onde a rigidez era maior quando o assunto era o corpo humano e o campo dos desejos. A atmosfera do pecado rondava aquelas pilastras regadas a velas e salmos. Todavia, a conduta moral de alguns membros eclesiásticos era baseada em hipocrisia e maledicência. Sonia chegou a sofrer assédio sexual de um padre, o que demonstrava o quanto é quebradiça a moral pregada em alguns templos. Utilizar o nome de Deus como forma de dominação foi tarefa cumprida com êxito em muitas instituições.

Helena nunca se esqueceu da mensagem escrita nas tábuas de madeira penduradas por todos os cantos do colégio, inclusive no banheiro. Os dizeres eram objetivos: "Deus me vê!". As meninas não podiam sequer encostar uma na outra. Até mesmo pegar a colega pela mão a fim de brincarem juntas era visto como pecaminoso. Nesse cenário, como praticar a fraternidade cristã?

Essas e outras dúvidas pairavam sobre a cabeça inexperiente das meninas que estavam ali, majoritariamente, para serem condicionadas a uma vida recatada de dona de casa. Mas as irmãs dos conventos não contavam com a astúcia de jovens garotas como Helena, que percebia desde cedo as diferenças sociais e raciais promovidas naquele ambiente. De longe, ela via as freiras negras trabalharem limpando o chão ou cozinhando. Até o uniforme delas era diferente. Já as irmãs brancas ocupavam os cargos mais elevados. Triste desigualdade na casa do Senhor.

Gilda era mestre em fazer colas para os exames do colégio. Era hábil na tarefa de escrever papelotes com as respostas para algumas perguntas das provas e enfiá-los embaixo da saia. Jamais alguém teria a ousadia de importunar tal ambiente sagrado. Péssima em matemática, ela gostava mesmo era de ouvir o violão de seu irmão. Eram melodias que faziam a alma vibrar a cada dedilhar das cordas.

Historicamente, a religião católica foi um dos mais importantes pilares na construção da moralidade no Brasil. Era ela que ditava o certo e o errado. As famílias começaram, nos primórdios da colonização portuguesa, a delinear o uso do catolicismo como ferramenta de ensino. As imagens sacras foram instrumentos de catequização a partir do olhar dos santos vigiando os passos dos fiéis dentro da igreja. Isso se colocava como um meio de controle moral.

Os costumes sociais e cotidianos foram, então, moldados de acordo com essas práticas religiosas. A construção da sociedade e das políticas sociais sempre passou pelo crivo da igreja católica. É também da religião que deriva a estrutura social.

Além do catolicismo, outras religiões fizeram parte da história do Brasil e têm, também elas, importância fundamental na construção da cultura e da sociedade de nosso país. Havia as práticas religiosas dos povos indígenas, muitos séculos antes do "descobrimento", e depois vieram, com os povos escravizados, as práticas dos povos africanos, que dariam origem ao candomblé e à umbanda, duas práticas religiosas muito fortes Brasil afora.

Temos também a cultura protestante, que foi estabelecendo-se no país em especial a partir da época da Invasão Holandesa – e, já no século XX, tivemos o surgimento das igrejas evangélicas neopentecostais, que se espalharam pelo país angariando diversos fiéis. Finalmente, não se pode esquecer da contribuição do espiritismo, judaísmo e islamismo, com rituais disseminados por muitos grupos da sociedade.

Helena e Sonia sempre viveram muito distantes das práticas religiosas. Hoje, se consideram ateias e acreditam que cada indivíduo tem o poder de escolher aquilo que mais lhe agrada. Ter ou não uma filosofia de vida é de foro íntimo. Para Gilda, a umbanda é a religião que mais lhe toca, e ela afirma que acreditar em uma prática de fé faz com que as dificuldades sejam enfrentadas de uma forma mais leve.

A maternidade também foi, historicamente, um processo religioso (procriação) e político (o poder das famílias). Tempos depois, ao longo da história contemporânea, houve uma associação da maternidade a algo perpetuamente maravilhoso. Já na visão das Avós, esse momento é visto como algo importante, mas sem a obrigatoriedade imposta pelo discurso social.

Ser mãe pode ser encantador, mas os lados negativos existem como em qualquer outra situação da existência humana. Muitas mulheres sofrem com a depressão pós-parto e precisam de acolhimento. Por vezes, a sociedade idealiza muito a gravidez, o que pode causar danos ao estado psicológico da mulher, não só ao das que vivem a gravidez, mas também daquelas que não a experimentam.

Sonia foi mãe adolescente, muito jovem, quando havia pouco ainda brincava de bonecas. Apesar da inexperiência, ela saiu-se muito bem no cotidiano materno. Usou uma ferramenta imprescindível na criação dos rebentos: ouviu o que eles tinham a dizer. À medida que foram crescendo, não havia mais diferença entre eles, a mãe hippie preferia conviver de igual para igual. Era, sobretudo, amiga deles.

Helena nunca havia pensado em ter filhos. O primeiro casamento trouxe essa possibilidade, naturalmente, para a sua vida. Mas a maternidade acabou sendo protelada, já que suas duas gestações terminaram em abortos espontâneos. O casamento esfriou, acabou, e a solteirice afastou a ideia da maternidade. No entanto, "os ventos do Norte moveram moinhos" e trouxeram um novo amor para a serelepe de Bebedouro. Com o segundo casamento, a oportunidade de ser mãe voltou à tona.

Com rédea solta, o casal criou os dois filhos, que cresceram convivendo com todo o tipo de gente. Era uma casa que acolhia todos os públicos: gays, negros, artistas, estrangeiros, pobres, ricos, sem distinções. Certa vez, ela abrigou um peruano chamado Paco, que tocou a campainha de sua casa, meio sem rumo, meio sem guarida. Na mala, uma blusa, uma calça e uma flauta cheia de pedras preciosas. A única forma de ele conseguir sobreviver em outro país era vendendo, uma de cada vez, as pedras cravejadas no entorno da flauta. Foi uma aventura na vida da família toda.

Helena nunca se viu como uma mãe superprotetora ou megacarinhosa. O carinho era demonstrado de outras maneiras, no respeito à individualidade dos filhos e na vontade de que fizessem aquilo que os deixasse felizes. Ela nunca foi de querer saber detalhes da vida particular deles: se quisessem contar, muito que bem, caso contrário, sem problemas. Uma vez, ouviu de uma amiga: "Os meus filhos são maravilhosos". O corte foi certeiro: "Os meus são normais!"

Esse tratamento espontâneo com os filhos foi adotado por Sonia e Gilda também. Existia a naturalização das circunstâncias da vida. Cada qual era do seu jeito e estava tudo bem. Gilda sonhou em ser mãe, algo que foi alimentado dentro do seu coração mesmo antes do casamento. E eles vieram, naturalmente, logo após o enlace. Ela gostava de brincar com os filhos, saber o motivo das alegrias e chateações deles. Quando se tornou avó, seguiu à risca o papel de *nonna*, fazendo as vontades daquelas carinhas pidonas.

Educar com respeito e liberdade foi uma meta que as três Avós – ou Mães – cumpriram ao longo de toda a jornada. Era importante seguir os chamados do coração. Apesar de parecer simples, a ideia de seguir os desígnios dos sentimentos mais profundos é difícil de aplicar. Porém, essas mulheres espontâneas conseguiram mostrar que independência social alivia a alma e gera frutos sadios.

Helena:

"Eu não planejei nenhum filho. Acreditava, inclusive, que nunca os teria. Os filhos nos dão alegrias e aborrecimentos. Os conflitos existem. De vez em quando, conversamos e somos os melhores amigos do mundo, mas, de repente, sai algum assunto qualquer e temos um conflito. Isso é normal, acontece com todo mundo. Separo as coisas e sei como é viver sozinha, porque cada um tem a sua vida. Vivo sozinha, mas bem. Conheci mulheres e homens que não tiveram filhos, foi uma opção deles e tiveram uma vida boa. Bitolou, morreu.

Os filhos recebem influência de fora, mas os pais rebatem isso dentro de casa. Ninguém pode viver recluso. E outra coisa, não podemos fazer das crianças umas vaquinhas de presépio: 'Mamãe falou, tá falado'. Minha mãe me criou para me casar e ter filhos. Mas nunca liguei para isso. Agora, quanto aos meus filhos, nunca reprimi, nunca disse não, dei liberdade total a eles. A minha casa era cheia de crianças, depois era cheia de adolescentes. Eu respondia o que eles me perguntavam. Cresceram quase normais, afinal de contas, o que é ser normal?

Uma vez aconteceu algo engraçado. Teve uma época em que todo mundo ouvia *Carmina Burana* e existe um trecho que diz assim: 'Ohhh amore virginali'. De repente, a gente ouviu a Dedé, minha filha, cantando no quintal: 'Ohhh amore vaginali' (risos). Virei para o Carl e disse: 'Será que a gente corrige?' 'Não, deixa ela cantar desse jeito mesmo, senão perde a graça', ele respondeu.

Quando meus filhos saíram de casa, cada um foi fazendo a sua vida. É preciso ir ao encontro do mundo. Meus dois filhos foram para a Alemanha, me escreviam cartas, pois, naquela época, não tínhamos tantas facilidades de comunicação como hoje. Recebia as cartas e respondia de volta também. Achei bom, eles foram fazer a vida deles. Eu perguntava se estavam bem, mas não ficava em cima, não. Minha filha ficou seis anos na Europa, já tinha um amor na vida dela e juntos foram embora para os Estados Unidos. Chega uma hora que é necessário sair de casa, o passarinho sair do ninho e assim... voar sozinho.

Hoje, o meu filho já vai para 60 anos e acabou de se casar com uma moça com quem já vivia há algum tempo. Nós temos, às vezes, um diálogo de rachar o bico e, em outras ocasiões, temos discussões por opiniões diferentes. Com a minha filha, também tenho um diálogo muito interessante, os filhos dela já saíram de casa, fizeram a vida deles. Ela tem um pensamento bem avançado, tudo o que faço, ela acha que eu deveria fazer ainda mais. Nunca me meti na vida deles. Minha filha vive fora do Brasil e meu filho mora nas montanhas, em Minas Gerais. Então, posso fazer tudo sossegada. Eles gostaram bastante da minha nova profissão como youtuber.

Eu me formei no curso normal, como todas as meninas da minha época, em uma cidade pequena, onde minha mãe não me deixava entrar em um colégio misto, porque, para ela, aquilo era um antro de perdição para jovens virgens. Nunca exerci a minha profissão, pois meu talento não dava para isso e não gosto de ensinar nada para os outros, nem ao menos para os meus filhos. Eu, por exemplo, fui a pior aluna de matemática do mundo.

Odiava acordar de manhã e ir para a escola. Então, eu amaldiçoava o meu pai, a minha mãe, os meus professores. Mas sempre gostei de ler, leio bastante. Recentemente, ganhei de um amigo um livro chamado *O homem-máquina*, e estou lendo. Além disso, sempre volto ao Machado de Assis, que é tudo de lindo, de bom, de bem escrito e cheio de humor. *Memórias póstumas de Brás Cubas* é uma coisa fantástica. Leio jornais e revistas, várias coisas ao mesmo tempo. Meu marido também era assim, tinha um livro no carro, um no banheiro e um outro na cabeceira da cama.

Fui de colégio de freiras, era uma escola que tinha uma rigidez louca. Uma menina não podia sequer encostar na outra. Existiam diversas tabuletas pela escola com a frase 'Deus me vê'. As freiras diziam que Ele estava sempre nos vigiando. Porém, nosso colégio insistia muito em não usar o seu santo nome em vão. Não acredito em Deus. Não frequento nenhuma igreja, mas respeito quem acredita. Acho, inclusive, que é melhor acreditar do que não acreditar. Agora tem uma coisa, gosto de entrar na igreja para ver como ela é bonita por dentro, tem rituais lindíssimos e uma música muito boa. Gosto, esteticamente, da religião, mas não como aficionada."

Sonia:

"Não estava nos meus planos ter filhos, mas me casei muito moça, tinha parado de brincar de boneca havia pouco tempo. Foi sem planejamento. Só que depois, é claro, fiquei feliz e satisfeita. Ter filhos é um apêndice da sua vida, algo que você curte, mas que poderia viver sem. As mulheres, atualmente, podem optar por isso sem sentirem medo de serem criticadas. É uma opção válida para elas.

A sociedade hipócrita é louca para nos enfiar em compartimentos. Ter ou não ter filhos não muda nada, é apenas diferente e depende de como você encara a vida ao longo dos anos. Se você encara a vida de uma forma legal, se tem amizades, companhia e coisas para se ocupar, será feliz e realizada da mesma maneira que se tivesse filhos.

A tendência de hoje é ter menos filhos. O ser humano quer muito mais coisas na vida do que essa coisinha 'papai e mamãe'. Não podemos nos deixar bitolar. Você pode gostar infinitamente de uma pessoa, contudo, não querer se casar, por exemplo. Cada um tem que fazer o que quiser sem dar confiança a ninguém.

Em uma família na qual todo mundo conversa, todos têm a liberdade de dizer o que pensam, em que não existem censura, maldades ou reprovações, fica muito mais simples o ato de educar. Digo isso porque, quando vierem as influências de fora, eles saberão o que vale ou não a pena.

Depois de crescidos, o ideal é que cada um siga o seu caminho e tenha sua própria casa. De vez em quando, devido a algumas circunstâncias, eles voltam. Quando é assim, acolhemos e torcemos para que possam resolver logo a situação deles.

Se o filho estiver se sentindo pronto, é um bom sinal. Meu filho foi estudar em uma cidade do interior, foi fazer faculdade. Quando terminou, viajou para a Alemanha e fez doutorado, e achei que a vida dele estava se desenvolvendo bem, isso é o que queremos para um filho. Minha filha decidiu ir morar no Rio de Janeiro, onde morava o pai. Ela também ficou feliz e fez a vida por lá.

Tudo se resolve muito bem quando a pessoa tem maturidade para sair de casa. E não é porque o filho está morando fora de casa que você não tem a possibilidade de apoiá-lo no que ele precisa, psicologicamente, inclusive, se for o caso. Não tive a síndrome do ninho vazio e acho que a gente tem que se desapegar, sim.

Hoje, os meus filhos já são idosos e ficaram meus amigos, tenho com eles uma amizade de igual para igual. Gostamos de estar juntos, bater papo e nos frequentamos. Quem educa bem os filhos não perde o contato. E é necessário aceitar os filhos como são. Eu conto para eles o que faço, eles me contam também. Quero saber como foi o dia deles, o que eles fizeram e quais são seus planos.

A tarefa do professor está muito complicada, porque o mundo evoluiu, as crianças evoluíram, a informática avançou, mas o currículo escolar continua o mesmo. Noto, nos meus netos e bisnetos, que eles acham tudo isso muito ultrapassado. A escola é uma época, você precisa passar por ela, não tem como fugir. Mas acho sim que o ensino deveria ser todo repensado, porque é desanimador o que temos hoje. De qualquer forma, temos que encarar isso e tirar o melhor que pudermos dessa situação. Não tenho saudade daquele período da infância e juventude, até mesmo porque não costumo ter saudade de nada. Toco para frente e acho que as coisas vão melhorando e se modernizando.

Sobre a religião, não acredito em Deus, apesar de ter sido educada em colégio de freiras, como era de costume. E se eu acreditasse, não iria encher o saco de Deus com futilidades. A caixa de correio dele deve estar tão cheia de pedidos idiotas... (risos). Contudo, acredito em uma força que se chama natureza.

A religião sempre provocou muitas guerras e continua a provocá-las. Temos que tomar muito cuidado com a religião para que ela não seja dogmática, não propicie calamidades. A religiosidade é para ajudar as pessoas, apoiar quem precisa crer em algo porque passa por alguns momentos difíceis. Ela até ajuda, mas a pessoa não pode levar para o fanatismo. Em minha opinião, a espiritualidade pode existir mesmo sem a crença em Deus."

Gilda:

"Sempre achei que teria filhos, namorei pra caramba e nunca passou pela minha cabeça não ter. Mas também não era aquela coisa 'Ah, se eu não tiver filhos, morro'. Adoro ser mãe e ter netos. Hoje, não sei como seria a minha vida sem meus filhos.

Porém, não ter filhos é uma decisão de cada pessoa. E ter dez filhos não garante que você, com 70 anos, não tenha problema de solidão ou não vá ficar só. Se uma pessoa não quer ter filhos, ela acaba estruturando a vida a partir disso. Quer se casar, casa, quer ter filhos, tem. Se não quiser, não tem e ponto-final. A sociedade é hipócrita, fajuta e falsa, porque nos julga sem olhar para o próprio umbigo.

Educar filho não é fácil, porque existe muita influência externa. Mas, independentemente disso, é importante sempre ser honesto com eles. Não se pode esconder as coisas ou ter preconceito. Ao conversar da forma mais aberta, eles carregarão isso pela vida toda. Sendo assim, vão aprender a filtrar as coisas. Quando o filho precisa voltar, você acolhe. Às vezes até é bom, é uma companhia, quando tem neto é melhor ainda. Mas há uma nova adaptação. A verdade é que a gente cria os filhos para o mundo, eles crescem e desaparecem.

Tenho dois filhos, com diferença de dois anos e meio entre eles. Um foi para o colégio da aeronáutica, em

Barbacena, Minas Gerais, com 15 anos. Foi ser soldado, ficou três anos lá e depois voltou, fez faculdade, já estava por conta própria. Já o outro fazia um revezamento, ficava um pouco comigo e um pouco com o pai dele, porque nessa altura eu já estava separada. Mas não tive síndrome do ninho vazio. Entrar no quarto deles e ficar chorando... não tive isso, não. Cada um vai fazendo a sua vida.

A gente não cria um filho para viver do nosso lado a vida inteira, isso é um egoísmo. Antigamente, tinha que telefonar para conseguirmos saber um do outro à distância, tinha até orelhão, tudo era mais complicado. Hoje, a pessoa pega o celular e se comunica. Ficou mais fácil. Esse negócio de não desmontar a cama porque o filho vai voltar um dia, não dá, não. Se ele voltar, vai dormir onde der, até no sofá-cama. Não é para lastimar, é para dar graças a Deus que eles encontraram um caminho.

Essa situação de os filhos ficarem mais velhos é engraçada. De repente, você diz: 'Virou tudo homem, tudo adulto'. Temos de conversar de igual para igual. Cada um tem a sua opinião, mas é interessante observar que as coisas que você falou lá atrás começam a surtir efeito com o passar dos anos. Existem coisas que nos dão alegria: 'Poxa, ensinei e deu certo'. Ou não, quando vem aquele pensamento: 'O que adiantou eu quebrar tanto a cabeça se não aprendeu?' Eu sou perguntadeira mesmo: 'Como é que você está? Por que está com essa cara?' Graças a Deus, eles têm uma cabeça muito boa e, quando entramos na internet, todos deram o maior apoio.

Eu odiava acordar cedo, até hoje odeio. Na escola, fazia umas colas incríveis, era mestre nisso. Colocava na coxa, porque eles não podiam mandar a gente levantar a saia, né... Sempre gostei de ler e sou eclética. Mas não gosto de ler dois livros ao mesmo tempo. Lembro de ter lido, quando o meu irmão achou que eu já tinha idade para isso, o livro *Trópico de Câncer*. Era um avanço.

Acredito em Deus, mas cada um tem o seu Deus. Rezo e peço muitas coisas. Mas tenho inclinação pela umbanda. Acredito em um ser superior e não em uma religião, cada um chama de um nome, tudo bem. Todavia, acho que, se você não tiver nenhuma crença, fica difícil, sigo acreditando e tenho me dado bem nesses 80 anos de vida. Cada pessoa tem uma religião e temos que respeitar. A questão da espiritualidade ajuda bastante e, no decorrer da vida, você vai vendo os exageros de uma religião e de outra, o que é bom em uma, o que é bom na outra e assim vai encontrando o seu caminho."

Homossexualidade, tabus e orgasmo feminino

A homossexualidade é um dos temas mais debatidos na sociedade desde longínquos tempos. Alguns dos registros mais famosos sobre relações homoafetivas que sobreviveram até os dias atuais datam da Grécia Antiga. Entretanto, há indícios históricos que mostram que relacionamentos entre pessoas do mesmo sexo existem desde a pré-história. Neles, é possível encontrar diversos detalhes sobre esses relacionamentos, mas não com as mesmas características do panorama atual, haja vista que as práticas foram se modificando ao longo do desenvolvimento de novas civilizações.

Na cultura grega, já na época do filósofo Sócrates (470/469 a.C–399 a.C.), o relacionamento homossexual era tido como uma prática pedagógica. Era muito usual um homem mais velho ter relações íntimas com um homem mais jovem na tarefa de prepará-lo para a vida adulta, transferindo-lhe valores. O próprio Sócrates chegou a declarar que o sexo anal era a sua melhor fonte de inspiração e que relações heterossexuais existiam apenas para a procriação.

Todavia, nas sociedades gregas de então, essa relação homossexual, em sua maioria, acontecia apenas durante um período, até o "pupilo" crescer e tornar-se um homem responsável. A partir desse momento, ele viria a constituir uma família com uma mulher. A passividade também não era vista com bons olhos, o ativo era considerado um cidadão superior. Mas as posições eram experimentadas por quase todos os indivíduos, porque, na juventude, geralmente, viviam a experiência de serem passivos e, na maturidade, exerciam a "dominação".

Os resquícios históricos sobre a homossexualidade feminina são escassos, sem dúvida, pelo fato de a democracia ateniense não considerar as mulheres como cidadãs, contribuindo assim para um apagamento histórico. Mulheres, povos escravizados, estrangeiros e crianças não eram considerados cidadãos e, por isso, não detinham participação política na sociedade. Uma personagem que conseguiu furar o bloqueio da subjugação foi a poeta Safo (entre 630 a.C. e 604 a.C.–570 a.C.), que passou sua juventude na ilha de Lesbos e viveu exercendo a sua natureza fluida, sem rótulos. Dela, inclusive, vem a etimologia dos termos "sáfico" e "lésbica". Muitos estudiosos debatem se Safo realmente teve ou não relações homossexuais, mas, a despeito disso, uma coisa transcende os fragmentos que sobreviveram de sua obra: o amor é livre.

Os séculos foram avançando e, com o surgimento do cristianismo, houve a censura da homossexualidade e a condenação social aos homossexuais, por meio de diversas discriminações que caracterizaram o percurso histórico das civilizações ocidentais. No século XIX, mais precisamente em 1886, o sexólogo e psiquiatra alemão Richard von Krafft-Ebing declarou que a homossexualidade era uma "inversão congênita".

Outros cientistas e estudiosos também começaram a debater o tema, querendo explicá-lo de forma pseudocientífica, como uma anormalidade. Chegaram a colocar a homossexualidade na lista de transtornos mentais. Todavia, falharam nessa busca errônea para explicar algo que não existe. Não é anormal ser homossexual, sê-lo é simplesmente parte da vida – não só humana como animal. O desejo pelo relacionamento íntimo com uma pessoa do mesmo sexo faz parte da natureza de cada indivíduo que tem essa manifestação sensorial, romântica, afetiva, e isso foge completamente do maniqueísmo alquebrado do certo e errado.

Depois de muitas lutas para a reflexão do pensamento, a Organização Mundial da Saúde, em 1990, retirou a homossexualidade da lista de doenças mentais. Uma excelente conquista em busca do avanço do pensamento. O preconceito foi sempre uma chaga aberta pela falta de compreensão para com o outro. Julgar alguém a partir do olhar pessoal não só é de uma falta de sensibilidade enorme como existe um nome para isso: etnocentrismo. O indivíduo acredita que existe apenas um estilo de vida, justamente o seu. Os outros são descartados, subjugados e agredidos.

No Brasil, a Comissão de Constituição e Justiça aprovou em 2013 uma jurisprudência que determinou que os cartórios façam o casamento civil para casais homossexuais, avançando a partir da conquista da união estável que, desde 2011, já amparava as famílias formadas por pessoas do mesmo sexo. No entanto, o casamento gay ainda não é lei, ou seja, não está previsto no código civil brasileiro. Essa é uma conquista que ainda precisa ser alcançada pelo público LGBTQIAP+.

Helena, Sonia e Gilda encaram esse tema com muita naturalidade, mesmo a educação delas tendo sido voltada para olhar o gay com estranheza. Não se falava nesse assunto com as crianças e, quando um comentário desagradável e malicioso acontecia entre os adultos, elas ouviam. Com os mais velhos, o xingamento contra o homossexual era algo "normalizado". Era comum falar mal, e as pessoas não se sentiam envergonhadas de, muitas vezes, humilhar alguém.

Já na maturidade, o meio social no qual as Avós estavam inseridas era o artístico. Além de elas serem, por natureza, abertas para o outro, essa aproximação com a arte propiciou uma abertura ainda maior em suas articulações sociais, já que, nesse ambiente, existe historicamente uma liberdade maior de consciência e um distanciamento de certas convenções. Elas não ligavam para com quem os amigos se deitavam, era algo tão natural e pessoal que só dizia respeito a eles. Não havia rejeição ao diferente. Existia uma soma, o que permitia que a mente se abrisse para ver o quanto o mundo não era apenas aquilo que apresentavam a elas.

Os tabus foram sendo quebrados ao longo das próprias vivências das Avós. Helena saiu de casa aos 21 anos, foi para uma cidade que não conhecia e assim rompeu com uma primeira barreira: moça de família não ia sozinha para a cidade grande. Não se contentando em quebrar apenas esse tabu, ela rompeu os preceitos da moralidade vigente naqueles idos de 1950, fazendo sexo antes do casamento.

Sonia também ultrapassou fronteiras ao perder a virgindade com o namorado e ficar grávida. Foi algo bem chocante para uma sociedade muito patriarcal e dada a hipocrisias retóricas. Mas ela não se intimidava com falatórios ou caras feias.

Fez o que quis, quebrando qualquer tabu, inclusive o do orgasmo feminino. O prazer da mulher era muito suplantado. Elas, geralmente, tinham pudores em falar sobre o assunto, porque os maridos poderiam pensar que fossem "vagabundas", que já tivessem dado para vários outros homens. "*E qual o problema em dar?*", pensava Sonia, do alto da sua vontade de viver a vida do jeito que fosse mais agradável para ela. O homem, muitas vezes, também não se preocupava em dar prazer à parceira, queria mesmo era sentir prazer e procriar, ter descendência que pudesse perpetuar o legado da família.

Além disso, não ajudava a trocar nem sequer a fralda dos filhos ou dar a mamadeira. Em um tempo no qual o fraldário no banheiro masculino era impensável, a mulher era uma heroína que fazia das tripas coração para suprir todas as necessidades domésticas. "Os homens não faziam compras no supermercado, não perguntavam se faltava algo em casa, não cuidavam nem do próprio pai quando ficava doente, era a gente que cuidava dos sogros", recorda Sonia.

E muitos tabus eram oriundos justamente do machismo que ainda imperava sob a égide da moral. Só que o machismo perdeu de lavada para a astúcia dessas três alegres companheiras que não tiveram medo de colocar a cara no sol e expor as suas vontades.

Gilda quebrou o tabu do matrimônio indissolúvel e, no começo dos anos 1980, separou-se do marido. Quando sentiu que não dava mais, por que insistir? Só para manter o *status quo* da "mulher de família"? Não, ela era uma mulher de família, mas separada.

Sonia, ao longo dos programas do YouTube, fez uma analogia dos tabus com os sete pecados capitais. Foi aí que a mesa do boteco fervilhou de ideias acerca de quantas amarras e prisões a sociedade impõe a nós e quantas delas são absolutamente ridículas.

Se a preguiça é um dos pecados, Gilda sempre deixou claro que a sua fama de dorminhoca é verdadeira. Adora aqueles irresistíveis "só mais 5 minutos" de todos os dias. E a gula, então? Para Helena, comer e beber à vontade é delicioso. Ela já perdeu as contas de quantas vezes foi a última a fechar o boteco. Conta, com o seu humor envolvente, sobre as paradinhas no banheiro entre uns bebericos aqui, outros ali. "Cerveja é diurético, né?", dispara com o seu riso sarcástico. Já Sonia, quando questionada sobre a luxúria, não deixou por menos. Frisou a importância da imaginação. "Uma amiga estava dirigindo na estrada e colocou o celular no colo. De repente, aquilo começou a vibrar, puta que pariu, ela teve que parar o carro, olha como o celular é útil", relembrou aos risos.

Tatuagem foi outro grande tabu. Uma pessoa idosa fazendo uma, então, era quase inimaginável há poucas décadas. Mas Sonia brindou os seus 60 anos com uma tatuagem e dali para a frente não parou nunca mais. Essa maneira descolada de ser nada mais é do que a livre expressão da vontade oriunda do coração. Desde que ninguém desrespeite ninguém, que mal pode haver em fazer do seu corpo aquilo que mais lhe agrade?

Gilda também não deixou por menos e, pouco depois de ter completado 80 anos, com a melhora da pandemia, ela se jogou em uma aventura "radical" ao fazer a sua primeira tatuagem em um local que ninguém imaginaria para uma principiante – na cabeça. Muitas pessoas começam pela mão, pelo braço, pelo pé. Contudo, ela foi enfática: "Quero algo para a minha careca" (já que usa as madeixas roxas com um dos lados raspado). A escolha do desenho foi uma bela flor – e não é que a sessão de tatuagem foi transmitida pelo programa *Mais Você*, da apresentadora Ana Maria Braga? As Avós da Razão não dormem no ponto.

Outro tema que não faltou nos papos deliciosos dessas meninas foi a legalização da maconha. Elas são a favor da descriminalização e argumentam que a *Cannabis sativa* pode ser utilizada de forma medicinal, promovendo diversos benefícios para a saúde, como apontam alguns estudos feitos em vários países. Além disso, seria uma forma de diminuir o tráfico de drogas, um dos crimes que mais leva pessoas para a cadeia e que traz ao país um doloroso embate de raça e classe. O branco rico muitas vezes sai ileso, e o negro pobre enfrenta muito mais penúrias.

Para as Avós, o mundo ainda é muito careta diante de uma série de coisas que prendem as pessoas. Não se pode viver querendo agradar os outros, porque, quando faz isso, você se esquece de si mesmo. E se tem algo que elas aconselham é que nunca haja esse esquecimento. É preciso coragem para ser quem, de fato, somos. É libertador reverberar diante das escolhas do coração. "Viver e não ter a vergonha de ser feliz", disse Gonzaguinha, e elas assinam embaixo com fita dupla face, que é para a felicidade grudar com força.

Helena:

"A gente tem muitos amigos que têm filhos gays e não tem problema nenhum para eles. Só que ainda existe muita violência (no mundo). Você agredir uma pessoa por palavras ou por gestos é muito triste. Fui a um casamento gay que foi um charme, muitas pessoas simpáticas e divertidas. Meu ex-vizinho é homossexual e uma das pessoas mais alegres que conheço, a família aceitava numa boa. Outro dia estava lendo sobre o Francis Bacon – o pintor, não o velho, aquele antigo. O pai batia muito nele por não aceitar sua homossexualidade.

Antigamente, a gente era muito inocente nesses assuntos. Nem conversávamos sobre isso, estudei em colégio de freiras, então, éramos reprimidas. Nós temos amigas que são lésbicas, mas não aconteceu conosco. Nenhuma mulher gostou de mim. É bom a gente se apaixonar por alguém que conhece. Só que nunca pensei em me apaixonar por uma de vocês duas (Gilda e Sonia), nem pintadas de ouro!!! Mas estou aberta para a vida, quem sabe? Só que, a esta altura, quem vai me querer? Só se for uma cuidadora (risos).

Lembro que no colégio havia umas freiras que gostavam de ter conversas particulares com meninas. Em geral, depois que íamos ao dormitório, alguma menina era chamada para conversar num canto do quarto com a freira, mas ela nunca nos contava o que acontecia. Cheguei tarde ao assunto, mesmo depois que fiquei sem-vergonha, não tive nenhuma relação com outra senhora.

Além do tabu com relação ao sexo, tinha outros relacionados a religião, amigos, modos. 'Isso não é palavra para andar na boca de uma menina comportada', dizia a minha mãe. É como no Afeganistão, que ainda hoje as mulheres não podem mostrar cabelo, não podem praticar esportes. Poxa, usar aquela porra no cabelo deve ser complicado. Tabu é uma chatice, principalmente essa coisa de não poder fazer isso ou aquilo. Religião, em geral, é cheia de tabus.

Só que ninguém segura o nosso pensamento. Quando uma coisa é proibida, ela se torna mais excitante, o pecado, então, é uma coisa proibidíssima. É engraçado que os sete pecados capitais são uma lista completa de tabus. Colocar cor nas coisas é um grande tabu. Azul para meninos e rosa para meninas não passa de uma convenção sem sentido. Outro pecado capital é a gula. Tem coisa melhor do que comer até ficar satisfeito? A preguiça é ótima, a gente podendo cultivá-la, é a melhor coisa do mundo. Preconceito é uma ignorância e já foi o tempo de se preocupar com o que os outros vão pensar, chega disso!

Eu, por exemplo, quebrei o tabu da virgindade, que era complicado. Saí de casa com a cara e a coragem, minha mãe deve ter dado graças a Deus de eu ter ido embora. Eu não conhecia ninguém em São Paulo, só tinha uma prima com quatro filhinhos. Fiquei uns dias na casa dela e depois pensei: *'Ninguém manda em mim, vou fazer o que bem entender da minha vida'*. Foi difícil me soltar, mas me soltei.

E os melindres de falar em orgasmo? Inclusive, faz um tempinho que não tenho tido contato com esse senhor (risos), mas é uma coisa muito agradável, muito boa. A gente devia ter, pelo menos, um orgasmo por dia, ou mais, se puder. Não se falava em orgasmo entre o casal. Os homens 'respeitavam' as suas esposas e depois iam para os bordéis. Eu já escapei disso. Como morava sozinha, também não precisei apresentar nenhum dos meus maridos para os meus pais, eles só se conheceram depois do fato consumado.

Sobre tatuagem, não faço por uma questão estética mesmo. A pele não está tão lisinha mais e onde está lisinha ninguém vê. Se eu fizesse uma tatuagem na mão, ela ficaria muito tremidinha, feia, então, não faço, não. Gosto de ver nos outros, mas em mim acho que ficaria um horror. Mas sei que tatuagem ainda é um espanto para certas pessoas."

Sonia:

"Em minha juventude, não existia a palavra gay, se falava 'viado' ou 'bicha'. Me lembro de uma conversa da minha família. Uma velha perguntou para a outra: 'Você não acha que fulano é pederasta?' 'Não, é que ele é muito bem-educado!'. Olha só como o tema era tratado. Naquela época, nem falo no meu tempo, porque o meu tempo é hoje, mas, naquela época, era tudo muito mais enrustido.

Quando os gays queriam se divertir, eles iam em boates voltadas a homossexuais, iam para ambientes fechados. Ainda estamos em uma época de briga e de se impor, porque há muito preconceito. As 'minorias', que não são minorias, precisam se rebelar, porque tem regimes de ultradireita aparecendo, pessoas que saíram dos bueiros onde viviam e agora colocaram a cara para fora, mostrando seu lado podre.

Mas também há ganhos. Por exemplo, hoje já existe a possibilidade de um casal homossexual adotar uma criança. A adoção em todas as situações é maravilhosa, porque é algo planejado. Não é simplesmente uma trepada que acabou gerando um filho. Foi um planejamento, é uma coisa muito mais séria do que aquela trepadinha. Qual é o problema se são dois pais ou duas mães? Adotar é um gesto maravilhoso. É algo a ser incentivado na sociedade.

Nunca tive experiência homossexual; na verdade, nunca senti vontade. Talvez porque não encontrei alguém que tivesse feito a minha imaginação vibrar. O meu interesse sempre foi por homens, mas ainda estou à espera, quem sabe? Seria mais uma experiência na minha vida. Estou aberta para tudo. Mulher logo quer ficar amiga, e com amiga não rola. Acho que precisa ter um certo distanciamento para você se envolver eroticamente. Mas para quem está a fim vale a pena essa experiência, se não quiser, vai para outra.

Acho que não existe opção sexual, porque isso é quando você pode escolher algo. A sexualidade você não escolhe, simplesmente se nasce assim. As pessoas precisam aceitar umas às outras como elas são. Talvez, em uma cidade pequena, seja mais difícil, mas tem que se afastar, procurar um emprego, procurar um amigo para dividir uma casa. Infelizmente, muitos pais são caretas como o diabo.

Tabus são ideias preconcebidas que 'precisam' ser respeitadas socialmente, moralmente, pela religião. É uma merda. O pecado é um tabu. Quer tabu maior do que o azul para meninos e o rosa para meninas? O orgasmo feminino também não era discutido. Só que a gente sempre gostou do assunto e nunca fingiu desinteresse pelo tema. Às vezes, o cara não trepa do jeito que você gosta. Tinha homem que não falava sobre isso. A esposa era para ter filho, mas, para fazer coisas mais ousadas, eles procuravam as prostitutas. Não dava pra levar namorado para casa. A *garçonnière* era o motel de hoje.

Acho que os tabus são uma espécie de ferrugem. Algo que nos cobre, uma crosta que nos impede de viver a vida normalmente. A gente se tolhe de tal maneira que você fica sem a menor possibilidade de viver normalmente. Existem algumas seitas nas quais as mulheres não têm nome. Apenas as pessoas de casa, os familiares, é que sabem o nome delas. Precisamos quebrar esse modo de conceber cheio de preconceitos. Tabu é uma prisão.

Acho que a luxúria você exerce como quiser, temos tanta imaginação. Em nossa idade, podemos usar todos os pecados. Eles foram feitos para as pessoas usufruírem prazeres. Eu quebrei um tabu ficando grávida antes do casamento. A pessoa podia até ficar dando por aí, por debaixo dos panos, mas ficar grávida era ficar abaixo de zero. A verdade é que a gente tem que quebrar os tabus e ponto-final.

Sobre tatuagens tenho bastante a dizer: a primeira fiz aos 60 anos, para comemorar a data e para comemorar a minha independência. Isso foi quando não precisei mais dar satisfação de porra nenhuma. Depois fiz a segunda, fiz a terceira e estou muito feliz assim. A última que fiz foi até televisionada pela Ana Maria Braga, olha como estamos poderosas! Aproveitei que Gilda iria ser iniciada e fiz uma tatuagem na mão. Não é pelo fato de você ser velha que deve se privar do que tem vontade de fazer. Agora, o melhor lugar para a pessoa velha fazer tatuagem é abaixo do joelho, que é a parte que menos envelhece no corpo.

A minha primeira tatuagem combinei de fazer com minha neta, fizemos juntas, foram três estrelas na perna. Porém, depois coloquei uma lua crescente junto das estrelas. Aí, quando quis fazer uma coisa mais esfuziante, fiz um ramo de flores na outra perna. O tempo passou e achei que o ramo estava muito pequeno, então acrescentei mais algumas flores e borboletas. Ficou demais de lindo. A gente se sente poderosa fazendo tatuagem."

Gilda:

"Não tem cabimento alguém ser humilhado pela orientação sexual ou pela sua forma de vida. Isso é muito triste. Às vezes, a família repudia, maltrata, então, é necessário se afastar. Não se pode ter um companheiro, não se pode sair que já tem gente falando na orelha... Poxa, parem com isso. Qualquer forma de amor vale a pena.

A vida é curta, quem humilha provavelmente já viveu com muitas amarras e desequilíbrios. É preciso fugir disso. No nosso tempo, essa questão era muito velada. Porém, nós estávamos em um meio artístico, sempre pensamos diferente da maioria. Os gays têm um bom gosto, não brincam em serviço. Em cidade pequena, é mais difícil ainda, mas filho é filho, a família precisa apoiar. Não entendo como tem gente que fala: 'Tenho raiva de gay!'.

Eu me pergunto o motivo dessa raiva. O que ele te fez? Um dia, li na internet que um rapaz homossexual estava na rua e deram uma surra nele, ele ficou entrevado. Meu Deus... que horror!!! E teve um atleta que se escandalizou com um personagem de quadrinho beijando outro homem. Ah, pelo amor de Deus, por que um beijo pode incomodar tanto? Será que as pessoas se deitam na cama à noite e ficam pensando só merda? Precisamos acabar com o preconceito.

O casamento gay é um casamento como outro qualquer. Não sei que tanto fuzuê as pessoas fazem com isso, porque, se você ama, você se casa. Antigamente, os homossexuais moravam juntos, mas, quando um dos dois morria, o parceiro ficava a ver navios. Agora, tem lei. Somos a favor do casamento gay, sim. E a adoção é algo maravilhoso. Tem que se casar mesmo, adotar, sim, é muito importante. Tem uma coisa interessante que é a seguinte: a criança adotada por duas pessoas do mesmo sexo significa que ela foi abandonada por duas pessoas de sexos diferentes. Isso é uma resposta e tanto para os tabus.

Nunca tive experiência homossexual, e olha que amiga mulher não faltou na minha vida. Trabalhávamos juntas na TV, viajávamos para lá e para cá, dormíamos, inclusive, na mesma cama, mas nunca tive sonhos eróticos com mulher. Existia muito preconceito para namorar com homem, imagina namorar mulher. Era capaz de o pai botar a gente para fora de casa. Mas nunca tive atração por elas. Acho mulher uma coisa fantástica, nunca me queixei de ser mulher, não gostaria de ter nascido homem, porque acho bárbaro ser mulher, a única desvantagem é não poder fazer xixi em pé, porque seria mais prático.

Nunca tive nenhuma mulher apaixonada por mim, nunca tive nenhuma proposta também. Acho que não atraio as mulheres, é algo que não aconteceu. Faltou essa parte na minha trajetória. Existe um lance quando você se envolve com alguém, que é a sedução. Então precisamos saber como é essa sedução, teria que acontecer, de repente, e nada é impossível nesta vida.

O tabu é uma espada na cabeça das pessoas e era pior tempos atrás. Ainda existe tabu, mas antes tinha muito mais. É que a gente era despirocada e saía fazendo coisa que ninguém fazia. Não podia fazer isso, não podia fazer aquilo. Lembro que, uma vez, meu pai estava reformando o apartamento, e tinha muita poeira espalhada. No meio daquilo tudo, escrevi o meu nome, aí o meu pai disse: 'Não precisa escrever o seu nome aí, fica vulgarizado!'. Era cada bobagem que ouvíamos naquela época, viu...

Tem muita gente que acha que tatuagem é tabu. Eu acho lindo tatuagem, ia fazer, inclusive, antes de começar a pandemia. Só que, com a quarentena, a gente ficou com medo de chegar até a esquina. Achava que começaria fazendo logo duas, para tirar o atraso. Mas, quando a pandemia melhorou, fiz algo bem diferente, uma bela tatuagem na cabeça. Justamente por onde ninguém imaginava que eu começaria. Adorei e quero fazer mais. E, quando encarquilhar, paciência, encarquilhou e pronto. Vi na internet umas pessoas que fizeram tatuagens em cima das cicatrizes, ficou lindo. Acho que se você gosta de algo, faz e pronto. Precisamos derrubar os tabus.

Sexo a gente nem podia falar. Ninguém falava nada conosco. Os sete pecados capitais realmente foram feitos para nós. A gula é ótima, estufar (o estômago) até não dar mais. Comer, beber e depois dormir. Aquela coisa de 'Ah, ainda não vou acordar', puxa o cobertorzinho e vira para o outro lado. Igual à luxúria, como diziam em nossa época, pensamentos, palavras e obras é à vontade.

Outro tabu é falar do orgasmo feminino. Uma vez li em uma revista norte-americana que, a cada orgasmo que a gente tem, perdemos 250 gramas, então, se forem quatro por dia, você já perdeu um quilo, isso seria um bom método de emagrecer (risos). Estou precisada disso, é uma coisa muito agradável, mas é lógico que, durante a vida, a gente já fingiu prazer também.

O gostoso é transar com quem se gosta. Como você vai se deitar (só depois do casamento) com um ser humano que você não sabe como funciona na hora H? De repente, ele é um tribufu, um cara grosseiro. Casar virgem é complicado. Lembrei uma história ótima do mineiro. Chegaram para o mineiro e perguntaram: 'Quais são as duas melhores coisas do mundo?' 'Chupar laranja e meter', ele respondeu! Não é maravilhosa? (risos). Falar de orgasmo era um tabu enorme. Mas, graças a Deus, sempre fomos fora do tempo. Viva a liberdade."

Brasil, ditadura e pandemia

Na escola, até pouco tempo atrás – e talvez até hoje, em muitas ocasiões –, se ensinava que o Brasil foi descoberto pelo explorador português Pedro Álvares Cabral, em 22 de abril de 1500. Porém, a terra brasileira já existia e foi povoada por diferentes sociedades desde que os primeiros homens pré-históricos chegaram à América do Sul, quando houve o surgimento dos primeiros agrupamentos humanos que dariam origem a uma prole "brasileira".

A partir disso, surgiram também as etnias indígenas. Os "indígenas", na verdade, são diferentes culturas; é um povo múltiplo que, infelizmente, foi espoliado de todas as formas. Ao longo dos séculos, correu o risco de perder a sua verdadeira essência, a sua cultura, os seus hábitos, a sua língua. Foi um preço bem alto pago ao imperialismo europeu. Como disse o poeta português Fernando Pessoa: "Minha pátria é minha língua" – e, ao desaparecer a voz indígena, a pátria deles também esmaece.

Com a chegada da expedição portuguesa, vieram novas fases da história brasileira. Primeiro a colonial, marcada pela exploração de pau-brasil, cana-de-açúcar e ouro – atividades fortemente dependentes da escravidão. Foram muitos os navios negreiros que aportaram em diversas regiões do Brasil. Neles, vidas condenadas à miséria, à falta de liberdade e ao cerceamento da vontade própria.

A economia brasileira foi construída a partir do suor e das lágrimas do povo negro, e isso deixou marcas profundas na constituição social do país. Uma dessas marcas é o racismo estrutural. Os brasileiros viveram o tempo da monarquia, passaram pelo Primeiro e Segundo Impérios, e a democratização ocorreu somente em 1889, com a Proclamação da República. De lá para cá, muitos governantes alternaram-se no poder, avanços aconteceram, mas os filhos da terra continuaram sendo expostos à desigualdade social, econômica e ambiental.

Com o passar dos anos, algumas ditaduras apossaram-se do sistema político, como a instituída pelo governo do presidente Getúlio Vargas (1937–45), período mais conhecido como Estado Novo, e depois durante o regime militar (1964–85), tempo que ficou conhecido como os "anos de chumbo". Nesses dois momentos, os ditadores tiveram amplos poderes, reprimindo com violência qualquer movimentação contrária à ideologia vigente.

Helena, Sonia e Gilda viveram muitos momentos políticos adversos e driblaram as dificuldades com o poder advindo da esperança, característica tão forte na trajetória dessas três mulheres. Chegar aos setenta, oitenta, noventa anos é ser espectador da construção histórica de um país.

É ser coagente das mudanças que se fazem necessárias diante de retrocessos e desrespeitos.

A moral também foi se modulando com as libertações de certas ideias e, mais do que isso, com a evolução do pensamento humano. O progresso aconteceu graças à insistência de dizer "não" aos padrões estabelecidos. O indivíduo nasce pelado, despojado das amarras comportamentais que a sociedade impõe ao longo da fase de crescimento. Então, se é uma construção, por que não desconstruir?

A mãe de Helena a educou para se casar e ter filhos. Seria somente esse o seu papel a vida inteira, um papel escolhido por outra pessoa? Ela fez diferente: seria mãe, seria casada, mas as escolhas de sua vida dependeriam, exclusivamente, dela. Não haveria marido limitando os seus passos ou ditando suas ações. Ela era livre para exercer sua individualidade.

Com Sonia e Gilda aconteceu o mesmo, cada uma tendo o seu momento de entender a vida como algo maior do que a esfera estabelecida. Sonia sempre com uma força independente e com a noção clara do que lhe cabia ou não. Gilda teve momentos de não aguentar a pressão patriarcal e ceder, mas, quando necessário, virou o jogo e continuou sua própria história, fazendo valer sua vontade.

A maturidade concedeu leveza aos ímpetos dessas três mulheres que presenciaram a violência da ditadura militar de pertinho, tendo amigos que sumiram na calada da noite e apareceram depois presos ou violentados. Outros nunca mais voltaram para o seio familiar. Gilda teve de fugir de casa de madrugada, porque o marido era advogado de presos políticos. Para complicar ainda mais, o seu filho mais novo estava com catapora. Que hotel os aceitaria nessas condições?

Foi um tempo complicado. As crueldades de um momento político não desaparecem com um simples passe de mágica. Nem o tempo é capaz de apagá-las. Elas deixam marcas em quem sofreu as dores da mordaça e do canivete.

Os anos passaram, a Nova República instalou-se no Brasil, melhorias foram feitas, mas a terra continuou sendo vítima da ganância humana. Entre os escândalos políticos do confisco da poupança, mensalões, CPIs, impeachments, Lava Jato, rachadinhas, CPI da covid-19, entre outros, elas puderam constatar que muito dinheiro público saiu dos cofres brasileiros diretamente para o prato farto dos políticos corruptos.

O político que subiu constantemente em palanques e tribunas ofertando o seu "trabalho honesto" foi o mesmo – os mesmos, os vários – que participou da corrupção e da desonestidade. Se roubou muito ou pouco, foi o agente causador da perpetuação das desigualdades sociais que sufocam a sociedade brasileira. O complexo de vira-lata, como diria Nelson Rodrigues, teve, no desprestígio da nação, um prato cheio para fincar raízes.

Essa lambança causada pela politicagem brasileira trouxe ao país mais uma experiência desesperadora no modo de agir diante da pandemia causada pelo vírus da covid-19, que se alastrou pelo mundo desde dezembro de 2019. Milhares de pessoas perderam a vida, milhares de famílias enlutadas pela dor de perder os seus entes queridos, e o vírus foi tratado por governantes como "uma gripezinha".

Cloroquina, hidroxicloroquina, ozônio, ivermectina, chás milagrosos e por aí vai prometiam a cura ou a prevenção à doença. Mas mostraram-se cientificamente ineficazes no combate ao coronavírus. Muito dinheiro foi gasto com isso e sem qualquer tipo de utilidade na luta contra o vírus. O fogo da ignorância queimou neurônios incapazes de refletir sozinhos. As próprias vacinas, um grande alento no combate a diversas doenças, foram rechaçadas, malfaladas e monetizadas. Chegaram ao cúmulo de dizer que a vacina contra covid-19 causava HIV. Foi uma luta difícil e desafiadora.

A propagação das fake news e do negacionismo apossou-se de algumas mentalidades Brasil afora, o que contribuiu para aumentar a negligência de alguns governantes no combate à pandemia e para a consequente perda de mais de 680 mil vidas em solo brasileiro. O desespero do poder, a violência do egocentrismo e a naturalidade da corrupção fizeram o mastro da bandeira despencar diante do soluço humano.

Helena:

"Nós passamos por vários governos esquisitíssimos. Teve o Jânio Quadros, que era tão engraçado, proibia biquíni, proibia corrida no jóquei durante a semana, e ele sempre achou que uma canetada dele resolvia as proibições. Acontece que o biquíni evoluiu para tanga e daqui para a frente não se sabe o que irá acontecer. Depois, a gente sofreu aqueles vinte anos de chumbo, tínhamos medo de falar com as pessoas e, de repente, tinha um dedo-duro que te mandava para o xilindró.

Tendo um marido que passou pela Alemanha nazista, sofrendo com aquele regime, não posso ser de direita. Então, quando os milicos tomaram conta do nosso país, ficamos um pouco recolhidos em casa. Sabíamos dos problemas dos amigos, mas não podíamos tomar uma atitude, porque quem éramos nós? Éramos o cocô do cavalo do bandido. Tínhamos medo.

Acho a censura abominável. Na época da ditadura, os jornais, às vezes, publicavam receitas de bolo no lugar das matérias, isso representava que aquele artigo havia sido censurado. Havia o medo de falar certas coisas. É um horror. Imagina, o Teatro Oficina ensaiava uma peça durante três meses, toda aquela preparação, de repente, chegava o dia do ensaio geral, quando vinha o censor e proibia, era um prejuízo enorme. Censuravam livros, jornais, revistas, filmes etc.

Atualmente, temos muito mais informações do que naquela época, e a juventude é muito mais livre também. Antes tínhamos que ter aquele 'namorinho casto'. Hoje, chamam muito mais a atenção para o racismo e para o bullying. Todos tinham alguma coisa para falar das cantoras que se projetaram no rádio, na época de ouro, eram falas maliciosas, havia muito preconceito. Hoje está melhor.

Só que ainda existe muito ódio na sociedade. Se é proibido vender arma, como será que muitos jovens conseguem comprar? Aconteceu aquela tragédia em Suzano. Imagine se a posse de arma fosse liberada. Infelizmente, isso é uma inspiração norte-americana. Existem colégios que já têm segurança, aparelho para detectar metal, o que virou a escola?

Mesmo diante da pandemia, as pessoas estavam lotando as praias, havia muitos turistas sem educação. Além de se aglomerarem, ainda jogavam lixo na areia. Quantas pessoas estavam com crianças na praia, no bar ou em restaurantes? Inclusive, temos de lembrar que ficamos quatro meses sem ministro da Saúde, justamente naquela época. A situação foi muito complicada, algumas pessoas se achavam imunes. O Brasil está cheio de 'sábios'.

Às vezes eu desligo a televisão. Porque como podemos acreditar em tudo aquilo que alguns governantes dizem? Basta ter um pouco de senso de realidade para entender que aquilo tudo é bobagem. Tem um lado até cômico em dizer que a Terra é plana. Minha nossa, isso é perigoso! A minha tese se prova verdadeira: esse negacionismo só conduz à tortura, matança. Você não pensa igual a mim e vou te matar por isso?

Não sou de sentir solidão. Morar sozinha é muito bom. É preciso deixar o velho em paz, deixá-lo viver a vida dele da maneira que mais lhe agrade. Às vezes vem um ou outro filho querendo me dar ordem, mas saio com dois quentes e um fervendo. Acham que o velho é incapaz e gagá, mas ele não é. Tenho o DNA somente do meu pai, que era um humor total, minha mãe já era mal-humorada. Existem momentos de raiva, mas que logo passam. O bom humor é essencial.

Quando ficamos sozinhas, é bom até para lembrar de algumas coisas que já esquecemos. Não estou com raiva de ninguém e felizmente não tenho que morar com ninguém da família, porque é como dizia o Tim Maia: 'Família é bom na fotografia'. Durante a pandemia, tinha bastante coisa para ler, fazia também aquela gororoba para comer, porque não gosto de cozinhar, mas tinha que me alimentar. Além disso, tentei me manter limpinha e bonitinha dentro de casa, para não parecer uma bruxa. Não tenho do que reclamar, mas, é claro, não via a hora de voltar pro boteco.

Sonia:

"Esse negócio de direita e esquerda é rótulo. Somos de bom-senso. A gente precisa se fixar na educação. É a única salvação para diminuir as diferenças sociais, para que o povo aprenda a votar, aprenda a discernir e a não se vender por ideias falsas ou por demagogia barata. Sou muito otimista e acho que tudo passa. Já passamos por tantos momentos: houve a ditadura de Getúlio Vargas, depois a ditadura militar, que foi um outro momento que lembramos até hoje. Foi um peso em cima de todos nós, um peso em cima de todas as classes sociais. A maneira de tratar o povo era horrível, era você perder a sua liberdade de expressão, era ter que tomar cuidado com as palavras que usava. Aquele tempo me faz lembrar de Hitler e de Stalin.

Já a sensação do momento atual é de estarmos entrando em uma coisa primitiva. É complicado ter um governo despreparado para dar orientação ao povo, porque só oferece confusão. Quando um presidente manda a população não usar máscara, em plena pandemia, e enche o carro de crianças para dar um rolê, é complicado, né... Há muita ignorância, por exemplo, a ideia de que tomar um pouco de ozônio no cu pode nos prevenir da covid-19.

As fake news são a mentira moderna; só Freud explica, no meu entender. Elas são jogadas nas redes e abrangem uma multidão de pessoas que, por ignorância, má-fé ou necessidade de acreditar em um dogma entram nessa fria. A rede espalha porcaria, mas promove coisas boas, possibilitando que a pessoa possa buscar a verdade. Existem muitos canais que se aprofundam no que é verdadeiro, mostram e provam o que é mentira, o que foi engendrado. Temos que acompanhar e divulgar isso.

O que mais me preocupa é a censura dos costumes, sinto que estamos andando para trás nesse quesito. Parece que estamos voltando para a era medieval. Você não ter vacina é uma forma de censura. Quiseram manipular os números com relação à covid-19 e não conseguiram, estava na cara.

Temos que prestar atenção nisso, vendo aonde eles querem chegar, até que ponto querem iludir o povo, não é uma brincadeira, é uma manipulação. Se a pessoa não tiver um pensamento mais científico ou de desconfiança, acaba acreditando no que dizem. É tão fácil acreditar em mentira. Falar em comunismo já é fora de moda. Resolveram ressuscitar essa palavra para apavorar as pessoas ignorantes.

O cidadão, às vezes, precisa ser duro e mostrar para as pessoas que não acreditam no vírus que elas estão erradas. Temos que mostrar, todos os dias, os efeitos de tantas mortes e que a pandemia ainda não acabou. Embora o governo finja que a coisa está boa, não está. Precisamos nos basear na ciência, não temos que ficar ouvindo conversa de político. É claro que as pessoas que se amontoaram nas praias, naquela época pesada da pandemia, eram ignorantes e não tinham o mínimo de ética.

Além disso, sou totalmente contra a legalização da posse de armas. Querem transformar o país em uma guerra civil. O que aconteceu em Suzano seria uma carnificina muito pior se a posse de armas fosse liberada. Os professores agora vão andar armados? A paz é que tem de ser ensinada, não a violência. Violência não vence violência, isso não tem fim.

De qualquer forma, se fizermos um balanço, algumas coisas melhoraram bastante ao longo dos anos. A visão do mundo com relação à preservação ambiental evoluiu. Hoje, todo mundo 'sabe' o que é lixo reciclável, todo mundo 'sabe' que não pode derrubar o mato. A própria postura social mudou, as pessoas estão mais atentas para as diferenças, não se falava muito em racismo antes. Havia certas atitudes que não eram vistas como racismo, mas eram racismo, sim, e fruto do racismo estrutural. Hoje em dia, esse tema está no debate social e tem punição para os crimes. É preciso denunciar o preconceito. Até as duplas caipiras, aqui no Brasil, eram formadas apenas por homens, por isso, sempre tinha um que era mais contralto, parecendo ser a voz de uma mulher. Hoje, tem muito mais espaço para as duplas femininas. Essas mulheres talentosas e com um vozeirão daqueles!

Nós moramos sozinhas e levamos, na pandemia, uma vida retirada. O que pode acontecer de ruim com quem mora sozinho é o mesmo que pode acontecer com quem mora acompanhado. Ter um celular já ajuda bastante. As pessoas, em geral, querem dirigir a vida do velho. 'Ah... é melhor você não beber! Nossa... vai jantar de noite? Não vai fazer bem!'. O jovem acha que o velho está sempre correndo perigo, que pode cair ou ficar doente. Mas temos que dar voz ao velho e permitir que ele possa dizer tranquilamente: 'Quero morar sozinho!'. É muito importante mantermos a alegria, e isso é uma coisa que nós três temos no DNA, é da nossa natureza.

Mas não sentimos solidão, porque trabalhamos, nos comunicamos com a família e com os amigos. A gente tem vários hobbies, cada dia vai fazendo uma coisa diferente. Uma cozinha, a outra pinta, a outra lê. Tem muita coisa para fazer dentro de casa se houver imaginação. Nessa pandemia, todo mundo precisou de todo mundo; às vezes, uma pessoa só precisa de carinho."

Gilda:

"A gente já passou por muita coisa, por coisas que até Deus duvida!!! Por que os governantes não querem o sistema Paulo Freire? Porque não interessa aos objetivos deles! Querem que todos sejam ignorantes como eles próprios são. O mundo inteiro reconhece o Paulo Freire como um educador fantástico. Eu o conheci e participei da alfabetização de adultos promovida por ele. Em dois meses, alfabetizamos uma sala de 20 pessoas.

Fui casada com um advogado de presos políticos durante a ditadura militar no Brasil. Foi assim: a gente se deitou de um jeito e acordou de outro. De repente, estavam os militares no poder, Castello Branco ali, aqueles mandos e desmandos. Quando aconteceu o AI-5, fecharam o Senado, fecharam a Câmara, e nós não tínhamos liberdade de expressão nenhuma. Eu rezava muito, porque cada vez que meu marido tinha que levar alguém ao DOI-Codi, não sabia se ele iria voltar.

Várias vezes, ele foi encapuzado, perseguido, tinha carro parado na frente da nossa casa, carro me seguindo quando eu ia levar as crianças na escola. Foram anos de terror, porque você não sabia onde ia dar aquilo tudo. Amigos sendo presos e torturados. A partir disso, eu pude ter uma consciência absoluta do que é uma ditadura, algo que não desejo a ninguém. A ditadura matou muita gente da forma mais escandalosa, vergonhosa e cruel.

Com o fim da ditadura e com o passar dos anos, algumas coisas melhoraram, outras nem tanto. A aceitação das mulheres no trabalho, principalmente, de ter mais voz, foi algo que melhorou bastante.

Porém, se a posse de armas fosse liberada, o país viraria um faroeste. Antigamente, a gente deixava o filho na escola e achava que estava tranquilo. Hoje, você deixa o filho lá e não sabe se ele volta. Tem gente que diz que se o professor estivesse armado, não aconteceriam certas coisas. Não dá para entender o raciocínio dessa gente, essa regressão é triste.

Acho que existe um ódio guardado dentro de muitas pessoas, aí quando aparece um ser que fala coisas preconceituosas, acaba brotando isso nas pessoas, porque se você não rega, não brota. As fake news são a mentira moderna mesmo e se espalham de uma forma incrível. Antes uma pessoa contava uma coisa, depois ia passando de um para outro, mas demorava. Hoje não.

Quando se fala de comunismo, me dá uma irritação, nem na Rússia tem mais. Comunista já é uma palavra antiga. Dizer que comem criancinhas, invadem casas, não existe isso, tá louco? Quem acha que era muito melhor naquele tempo: vai estudar, vai ler. É negar o que está na cara!

Tinha uma amiga que morava atrás da Operação Bandeirantes e ouvia os gritos, de noite, da casa dela. É mentira isso? Ela estava inventando? Ela estava louca? Olha, essa situação de negação me lembra do avestruz. Enfia a cabeça dentro da terra e não quer saber o que se passa em volta. Só mostra o cu, porque a cabeça está enterrada.

Na época do golpe de 1964, tínhamos medo de falar qualquer coisa no elevador, na rua. Soubemos de casos em que algumas pessoas foram presas por fazer comentários nas ruas. A censura é algo muito desagradável, ninguém tem o direito de nos fazer sentir isso. Se ela é escrachada, é ruim, se é velada, como está sendo agora, é ruim também. Ninguém tem o direito de censurar nada, seja a forma como você se veste, anda ou fala. Sou absolutamente contra qualquer tipo de censura, venha ela de onde vier. Não falar o que, de fato, acontece é censura.

No auge da pandemia, eu não entendia por que o povo enchia tanto a praia. É muito louco pensar isso. A pessoa colocava um guarda-sol beirando outro guarda-sol, uma cadeira do lado da outra, todos sem máscara, porque na praia você bebe, né. Também gosto de me bronzear, de beber com os amigos, mas fiquei aqui, tomando banho de mangueira, e estava tudo bem. Não entendia essas pessoas.

Elas pegavam o vírus e passavam para os outros. O que se passava na cabeça dessas pessoas? *Em mim não pega?* Tínhamos que ficar em casa e, quando fosse necessário sair, usar máscara. Não era uma gripezinha, é uma doença muito séria. Parecia que eu estava naquele filme *O show de Truman*: um dia alguém chegaria para dizer que era tudo mentira. Aqui no Brasil, um quer matar o outro, um xinga o outro. Se ridicularizam. O Brasil parece terra de ninguém, puta merda, uma confusão só.

Ninguém sabe o que é, de fato, essa maldição que se abateu sobre a humanidade. E para as pessoas que não acreditam, temos que mostrar os fatos, as internações que tivemos. O vírus ainda está aí e não podemos facilitar. O carinho precisa levar as pessoas ao bom senso. O mundo inteiro passou por isso, como as pessoas não entendem? Pior é que não se cuidam e ainda passam para os outros.

Morar junto na pandemia foi muito complicado, principalmente para os casais, que passaram a ficar 24 horas juntos. Eu não moro sozinha, moro com filho e neto. A gente se comunica, brinca, fala um com o outro. Moro em casa, então cada um fica em um canto. Tenho um ateliê também, e respeitamos o momento de cada pessoa.

Morar sozinho tem o seu lado bom, porque não tem coisa pior do que as suas coisas serem mexidas. Acho muito bom as pessoas mais velhas morarem sozinhas. Algumas que foram morar com filho ficaram cerceadas. 'Ah... meu filho não me deixa mais dirigir.' Depois fica entrevada e com medo de tudo. O melhor é deixar correr frouxo. O que o velho precisa é de muito amor. As pessoas precisam ajudar o velho a ser independente. Se a pessoa está bem, lúcida, sabe mexer no celular, deixa ela se virar. Se estiver doente, é outra coisa, mas, fora disso, vamos deixá-la livre.

Acho que a alegria de viver tem muito a ver com o DNA, já nascemos assim. Muitas vezes, a família era assim também. Minha mãe era muito animada. Vamos driblando os problemas e aprendendo a ter jogo de cintura, tirar os pontos positivos das histórias. Temos que pensar que no fundo do poço tem uma mola, e ela, em algum momento, nos jogará para cima."

Trabalho, dicas financeiras e materialismo

O ato de trabalhar é um dos aspectos mais revigorantes da vida. As Avós foram mulheres que encontraram no trabalho uma força maior de sobrevivência. Em momentos difíceis, as atividades que desempenharam foram primordiais para mantê-las saudáveis e fortes. Além disso, a história delas reflete a luta de gênero pela conquista dos espaços profissionais numa época em que mão de obra feminina era discriminada e mal compreendida.

No fim da década de 1940, quando Helena quis deixar sua cidade natal para embarcar na cidade grande em busca de novas possibilidades, ouviu de alguns conterrâneos: "As moças que vão para São Paulo viram prostitutas". Essa frase preconceituosa diz muito sobre como o machismo limitava a visão das pessoas sobre o papel social das mulheres. Ao dizer que as mulheres se tornariam prostitutas, o homem reforça a sexualização do corpo feminino como a sua única arma, e a pretensa dependência da figura masculina, ou seja, solteira, a mulher não conseguiria manter-se financeiramente.

Com isso, muitas mulheres viveram infelizes, subjugadas por seus maridos. O claustro, muitas vezes, era a realidade delas, inseridas nos engenhos, nas senzalas, nas fazendas, nos barracos e nas mansões. Porém, sempre existiram aquelas que tentaram furar os bloqueios, o que possibilitou a expansão da força feminina diante do mundo.

Helena veio sozinha para São Paulo e logo arrumou um emprego; morava em pensão, dividia quarto com as amigas e foi dando seguimento a sua trajetória. Ela gostava de ser independente, de poder frequentar qualquer ambiente sem reprimendas, de namorar quem quisesse e que o seu dinheiro dissesse respeito somente a ela, ou melhor, nunca se preocupou muito com o dito cujo. Por vezes, estava com "o cu na ratoeira", mas foi driblando os acontecimentos e equilibrou-se.

Sonia se casou muito cedo, então, acabou vivendo para os filhos, em um primeiro momento, mas jamais dependendo emocionalmente do parceiro. Ela já era forte o suficiente para confrontá-lo quando necessário. Nesse começo de vida adulta, trabalhou como modelo em anúncios publicitários. Depois da separação, a questão do trabalho bateu mais forte: ela chegou a ser gerente de uma loja de moda e representante de uma marca de cosméticos. Isso era só o começo das suas aventuras profissionais.

Gilda foi muito paparicada pela família: caçula de três filhos, ela era considerada a princesinha, e, graças à boa condição financeira de sua família, não precisou trabalhar desde cedo. Com o casamento, dedicou-se apenas aos filhos e à casa. Porém, com a separação, já aos 40 anos, ela deixou claro que tinha muito para mostrar a sociedade, ainda careta, do começo dos anos de 1980. Tornou-se figurinista e não parou nunca mais.

As finanças, questão sensível para a maior parte da camada brasileira da população, também inspiraram cuidados na vida delas. Houve períodos em que elas estavam muito bem financeiramente e outros em que enfrentaram algumas dificuldades. Sonia, aos 60 anos, não pensou duas vezes ao trabalhar no Mercadão de Pinheiros vendendo frangos e outras aves. Até delivery ela fez. Não existia tempo ruim, a positividade dela era um bálsamo diante dos problemas: "Nunca recebi herança de ninguém, fui deserdada".

Já Gilda e Helena tiveram, na maturidade, uma estabilidade maior porque receberam uma pequena herança. Só que o dinheiro é redondo, como diz Gilda, então, vai rolando por aí. Elas nunca viveram apenas de herança, sempre correram atrás de não depender de ninguém, mas confessaram que não administraram tão bem o que receberam. "Olha, tem uma coisa: convenhamos, vocês administraram muito mal o dinheiro", sentenciou Sonia, bem sincera, como sempre.

A mesa do boteco, dessa vez, não trepidou tanto. Gilda consentiu que sua situação estaria muito melhor se ela tivesse feito um planejamento financeiro. Já Helena pensa diferente: guardar dinheiro não é com ela. "'Vim ao mundo a passeio', como dizia minha amiga Ruth de Souza." O importante é o hoje, amanhã é outro dia. Tanto é que ela nunca se apegou em roupas, bijuterias, móveis, foi doando algumas coisas, jogando fora outras.

Nessa seara, as três alegres companheiras são desapegadas. A vovó das madeixas roxas era um pouco mais reticente em se desfazer de seus pertences, mas, ao longo do tempo, foi entendendo que certas coisas são um empecilho, um acúmulo desnecessário. Praticar o desapego do lado material não é fácil, até porque crescemos em uma sociedade estruturada pelo capitalismo. Contudo, o amadurecimento traz a visão de que dessa vida não se leva nada a não ser o que se viveu.

Quando surgiu a ideia de criarem um canal no YouTube, uma fagulha de esperança as invadiu. Novamente, sentiram-se capazes de contribuir para a sociedade de alguma forma, sobretudo inspirando outras pessoas a saírem de suas bolhas. Assim enxergariam que o céu continuava azul e as folhas ainda reluziam o verde das matas. Era necessário mostrar que o primeiro passo é abrir a mente para o novo.

Helena:

"Eu tive carteira de trabalho durante dois anos, isso era na época em que trabalhava na Companhia Cinematográfica Vera Cruz. Depois fiquei autônoma, trabalhei com entrevistas no *Quem é Quem no Brasil*, me dediquei a ser tradutora de livros e traduzi para dublagem também. Trabalhei em dois estúdios, um em São Paulo e outro no Rio de Janeiro. Pegava aquele trem de prata. Foi uma época muito fértil na minha vida.

Quando a gente é jovem, não pensa em velhice. Imagina, vou ficar velho? Eu também não acredito que vou ficar velha. Com o tempo, o corpo enfraquece, algumas faculdades vão diminuindo a sua potência, como memória, visão, audição, mas a gente se acostuma. Agora, em matéria de dinheiro, nunca planejei nada. Já me vi roendo beira de penico, viu? Dava um dinheiro, a gente se virava. As coisas foram acontecendo; não tinha dinheiro, vendia uns quadros e assim foi indo.

Nunca pensei em planejar uma vida financeira. Nunca guardei dinheiro, sempre vivi 'da mão para a boca'. Eu não seria capaz de guardar dinheiro, nunca. Com o meu segundo casamento, nunca se falou nessa questão monetária. Tinha dinheiro, mas não se tocava no assunto. Olha, tem uma coisa: a esperança morre cinco minutos depois de nós. Precisamos levar a vida em frente. Se você guardar um pouco, no fim de quarenta anos, até que junta um dinheirinho bacana. Gente, arrumei um emprego aos 90 anos, tem sido muito bom.

Quando vamos envelhecendo, vamos jogando tudo fora. Eu doei um monte de coisas, coisas de que não precisava mais. Esse amor aos objetos é interessante, não é fácil você se desfazer dos seus pertences, mas é necessário. Não consigo me desfazer de livros, mesmo porque se eu tirar os livros da prateleira, o que vou botar lá, vão ficar vazias? E eu ficaria em uma solidão de dar pena.

Agora, objetos, roupas, bijuterias, doo sim. Quando me mudei para este apartamento, um monte de móveis foi embora. E tem outra coisa: de repente, chega uma neta e diz: 'Vovó, que lindo!'. 'Você gostou? Então, leva', respondo! Só dei uma coleção de livros em alemão que eram do meu marido porque não falo alemão. O que faria com eles? Doei para o Instituto Hans Staden.

Dá um alívio muito grande quando nos livramos de certas coisas. Eu tinha uma gaveta cheia de armações de óculos, armações antigas. Mandei tudo para os velhinhos do Bezerra de Menezes. Armações são caras e o meu único luxo são essas armações, pois os óculos são a coisa mais importante da minha vida. Seria interessante doar marido. Já pensaram nisso? Doa-se marido em bom estado ou *quase* em bom estado (risos)."

Sonia:

"Na nossa idade, a gente já fez, profissionalmente, muita coisa. Tive diversos negócios. São tantas coisas que dá mais de trinta atividades. O que durou mais foi um box no Mercado de Pinheiros, no qual trabalhei com aves em geral. Era conhecida como a mulher do frango e já tinha 60 anos de idade. Foi muito bom. O dia em que precisei comprar 500 quilos de peito de frango, quase tive um acesso de loucura, porque não achei que fosse conseguir vender. Mas a gente vai aprendendo e se reinventando.

Já tive uma horta sem agrotóxico também. Era uma coisa bem diferentona. Quando me casei pela segunda vez, fui morar em uma fazenda onde tinha produção de cana. Trabalhei em banco, loja de roupas, exportei cachorro para a Alemanha. Além disso, tive um hotel para cachorros. Olha... a lista é grande, uma vez anotei até no papel. Fui modelo em anúncios publicitários também.

Pensando no futuro, a pessoa precisa sempre estudar uma aposentadoria privada. Acho que a primeira coisa que a pessoa tem que fazer é ter uma casa, uma casa sua. Não algo junto com o marido, com a mãe ou pai. É algo somente seu, porque se você passar por algum revés na vida, sempre terá um lugar para morar. Por isso, é necessário guardar e economizar. Já passei perrengues por não ter dinheiro.

Tem uma história muito bacana: conheci uma moça que vendia buquês de flores no cruzamento, em São Paulo. Eu passava muito lá, porque eu trabalhava, ia e voltava, parava no cruzamento, abria a janela e conversava um pouco com ela. Dessa conversa, fiquei sabendo que ela conseguiu formar um filho vendendo os buquês. Isso foi maravilhoso. Ela era feliz, alegre, já tinha os compradores certos. Acho que é uma questão de ser perseverante.

Sobre materialismo, sou prática: me desfaço com a maior facilidade dos objetos. Acho que tudo o que você não usa outra pessoa pode aproveitar. Dou com muito prazer alguns objetos para os filhos e netos, e faço doações. Na verdade, o que se diz é: tudo o que você ficou um ano sem usar você não precisa mais. As pessoas que recebem as doações farão um uso tão bom, ficarão tão felizes que, sem querer, vão retribuir com bons fluidos para você. A gente poderia fazer assim: enjoou do marido, doa.

Tem uma doença de acumulação também. Uma vez, li uma matéria sobre um homem que morreu dentro do quarto, soterrado pelos jornais que acumulava. É triste isso. Quando você fica mais velho, a tendência é morar em lugares menores, porque não temos, geralmente, família morando conosco e nem vamos ter, então, vão sobrando muitas coisas. Vamos encher os armários com tralhas? Não, aquilo pode ter utilidade para outras pessoas."

Gilda:

"Eu era casada, dondoca, cuidava dos filhos e do marido. Quando me separei, fiz um curso de cenário e figurino na USP. Eu comecei a fazer esse curso por causa do Plínio Marcos, que era muito meu amigo. Ele me chamou para fazer parte do grupo dele, chamado O Bando. Depois, um professor me chamou para ser figurinista na televisão. Nunca tinha entrado em uma televisão, não conhecia os mecanismos por dentro. Comecei a trabalhar e foram vinte e três anos de SBT, foi maravilhoso. Quando vi meu primeiro salário, pensei: agora sou uma mulher independente!

Um certo dia fui despedida, já com 63 anos, eu inventei de abrir uma cozinha industrial. Eu e mais duas amigas. Um pequeno detalhe: não gosto de cozinhar. Sei, mas não gosto. Porém, uma delas cozinhava muito bem, e a outra estava se formando em direito. No meu caso, apenas investi, era sócia-investidora. Ficamos um ano e pouco trabalhando lá. Eu entregava comida, quentinha, depois tivemos contrato com uma empresa. Só que não deu muito certo. Fechamos, e comecei a fazer artesanato, pintura, até recomeçarmos a trabalhar. A gente se sente útil.

Em matéria de educação financeira, sou nota zero. Se tem alguém que é meio descontrolada em questão de dinheiro, esse alguém sou eu. Quando eu era casada, meu marido cuidava de tudo, até tentou me ensinar, mas não deu muito certo. É uma grande cagada que a gente faz, não aprender mais sobre isso. Tenho um amigo que, desde que começou a trabalhar, guardava 10% de tudo o que ganhava. Se ele ganhava 100 reais, guardava dez, isso foi uma puta ideia. Hoje, ele mora em Portugal.

Quando eu trabalhava, fui ao banco, me ofereceram uma aposentadoria privada e acabei fazendo. Essa é a minha sorte hoje em dia; não é um ordenado muito alto, mas na hora do sufoco dá um alívio. Trabalhei vinte e três anos como assalariada, pensa, era bem assalariada, se eu tivesse guardado 10% do que ganhava, hoje também estava morando em Portugal, junto com aquele casal maravilhoso. Nesse assunto, tem que ser equilibrado, coisa que não sou, mas, agora, tenho puxado o freio de mão.

Sobre materialismo, digo a verdade, não me desfaço dos objetos com muita facilidade, mas já fui pior. Hoje, ainda mais com essa pandemia, a gente vê algumas coisas que não fazem a menor diferença na vida. Perto de casa, tem uma instituição que recebe essas doações. Até jornais eles aceitam. Tem coisas que são do tempo do Zagaia, coisas da sua avó. Não que sejam feias, são bonitas, mas não têm mais utilidade.

Quantas roupas de inverno eu já dei. Não faz mais frio nesta cidade, faz uma semana de frio, só isso. Tendo um casaco e uns cinco xales, já está ótimo. Desapegar-se é um aprendizado. Temos que ir dando devagarinho. Quando a minha mãe morreu, fui até a casa dela e tinha muitas fotos das viagens que fez com as amigas. O que iria fazer com aquilo? Joguei fora, queimei, não ia deixar zanzando por aí.

Também já doei livros, mas os com dedicatórias não doo, não. A pessoa teve o trabalho de escrever, é um afeto. Mas roupas, cada vez que abro o armário, tenho vontade de colocar um saco de lixo do meu lado, para colocar ali e levar em algum brechó. São coisas que juntamos e não usamos. Isso não é bom.

Bolsa ocupa um espaço… não temos nem onde enfiar. Outro dia chamei uma sobrinha e falei: 'Você quer? Então pode levar!'. Tem coisas que são um trambolho. Quando mamãe morreu, ela tinha muitos perfumes trazidos da Europa, dei tudo para a cuidadora. Não queria sentir o cheiro, porque me lembraria dela, então, a cuidadora, que adorava aqueles perfumes, ficou feliz."

Amizade, danças e músicas

A amizade é uma parte essencial da vida humana. Construir laços possibilitou a perpetuação do *Homo sapiens* ao longo dos séculos e, nas diversas tribos e sociedades formadas ao redor do planeta, a parceria para a sobrevivência de determinado grupo também desencadeou as primeiras relações de afeto. Esse afeto é o que nos salva em momentos difíceis.

Não há uma fórmula da amizade, mas ela precisa de confiança e reciprocidade. Além disso, a sinceridade é um fator que faz a diferença nessas relações. Dar uma opinião sincera, aconselhar e, principalmente, estar junto nos momentos importantes da vida um do outro são itens que formam a base dessa convivência que pode durar uma vida inteira. As Avós são amigas há mais de sessenta anos e são daquelas que falam o que pensam na cara, chegam até a alfinetarem-se com comentários saborosos e, por vezes, ácidos.

Helena e Sonia se conheceram primeiro, porque Helena trabalhava no mesmo escritório que o marido de Sonia. As duas ficaram amigas, encontravam-se nos botecos de São Paulo e, muitas vezes, viajavam juntas. Pouco depois, foi a vez de Gilda chegar à vida delas: primeiro deu-se a relação com Helena, já que tinham uma amiga em comum, e em breve seus maridos montaram uma firma, passando assim a se frequentarem. Como são mulheres que gostam de uma boa diversão, não demorou para que Sonia também fosse apresentada a Gilda e assim formassem esse trio de alegres companheiras.

"Elas se juntam e falam mal de mim, depois Sonia e eu nos juntamos e falamos mal da Gilda, e tem também Gilda e eu, que nos juntamos e falamos mal da Sonia", diz Helena, gargalhando com seu jeito moleque de ser. "Não boto minha mão no fogo por você", retruca Sonia. A divergência de opinião é algo saudável na relação dessas meninas. Elas riem juntas, tiram sarro de muitas situações, mas não há tempo ruim: se for para criticar alguma atitude das amigas, isso acontece sem o menor pudor. Faz parte da relação delas.

Em muitas ocasiões, não se trata apenas de discordar e mostrar uma opinião diferente. Por vezes, elas vão às últimas consequências, sendo incisivas e, por vezes, desbocadas. Se não concordam com a resposta ou atitude uma da outra, falam na cara dura que discordam, inclusive, tiram sarro dos bastidores de cada peripécia vivenciada pelas companheiras. Há também os momentos em que soltam suaves xingamentos: "É uma vaca mesmo!".

E é claro que a amizade das Avós foi embalada por muitas canções e danças – movimentos que foram nascendo, digamos assim, junto com essa longa convivência. Elas puderam acompanhar o nascimento de muitos marcos musicais como a Era de Ouro do rádio, a bossa nova, a Jovem Guarda, o rock, o movimento Tropicalista e muitos outros. Acompanhavam tudo com curiosidade e um grande envolvimento. São intensas no sentir e compartilham da diversidade que compõe o campo musical brasileiro.

As origens brasileiras são oriundas de sons indígenas, africanos e europeus. O canto dos pássaros sob o olhar das cachoeiras deve ter embalado muitas das comunidades que habitaram o país antes da colonização. Aquela liberdade sonora vinha embrenhar-se entre as begônias, camélias e jacarandás, formando um ritmo fluido e livre. Depois, com a vinda dos padres jesuítas, novos tipos de música foram surgindo no Brasil, incluindo muitos cantos litúrgicos nos quais o latim imperava.

A colonização desencadeou também o início da escravidão em solo brasileiro. O país, então, teve grandes contribuições africanas que permanecem até hoje em nossos gêneros musicais. O samba, ritmo tão característico da cultura brasileira, origina-se do lundu, dança que chegou até aqui diretamente dos povos escravizados vindos de Angola.

Aos poucos, foram surgindo novos ritmos, como o choro, as modinhas e as serestas. O próprio sertanejo é um ritmo que perpassou diversas épocas, modulando-se em diferentes estilos.

As Avós, na infância, tiveram contato com a Era de Ouro do rádio. Cantores como Francisco Alves, Carlos Galhardo, Orlando Silva, Nelson Gonçalves, Dalva de Oliveira, Elizeth Cardoso, Isaurinha Garcia, Roberto Luna, Linda e Dircinha Batista embalaram muitos momentos da infância e adolescência. Já adultas, puderam ver de perto o nascimento de um gênero que representa muito a cultura brasileira: a bossa nova, que nasceu com características do samba e do jazz norte-americano. Esse novo estilo proporcionou uma grande transformação no cenário musical brasileiro, trazendo uma valorização do canto falado e da suavidade da voz.

Gilda presenciou, ao vivo e em cores, o surgimento de canções no piano da própria sala: João Gilberto, Tom Jobim, Maysa, Wanda Sá, Bené Nunes, Toquinho, Oscar Castro Neves e tantos outros frequentavam a sua casa.

Helena ainda cedo começou a ter contato com artistas estrangeiros, como Frank Sinatra, Ella Fitzgerald e Louis Armstrong. Ela fez um curso de inglês quando morava em Bebedouro e pôde apreciar músicas que, de tanto sucesso, foram regravadas milhares de vezes. Existia uma cadência muito característica, um suingue que fazia com que as moças deslizassem sob o piso dos bailinhos regados a um gostoso frio na barriga. Era nesses momentos de dança que nascia uma aproximação corporal maior entre o rapaz e a moça. Uma tremenda emoção tomava conta daqueles jovens.

Logo após o golpe militar de 1964, houve o surgimento de letras com um viés bastante social, combatendo as políticas de repressão. Chico Buarque, Caetano Veloso e Gilberto Gil ficaram conhecidos pelas músicas contundentes em combate à ditadura, que visavam expor a situação extremamente sufocante vivida no Brasil. Geraldo Vandré, outro grande expoente dessa época, compôs a impecável "Pra não dizer que não falei das flores". Muitos desses artistas tiveram que se exilar do país, mas continuaram cantando, porque a voz é o instrumento da civilização.

O forró, o sertanejo universitário, o funk e o reggaeton também foram surgindo ao longo das décadas, contribuindo muito para que a cultura brasileira fosse difundida em todo o mundo. O nascimento de novos artistas e novas danças que despontariam no país também ocorreu por meio desses ritmos.

As Avós, em certo momento, foram indagadas por um internauta sobre o gosto delas pela dança. Gilda foi categórica, dizendo que tem paixão por dançar. É algo que faz bem para o corpo e para a alma. Helena diz relutar em comparecer a um baile da saudade, mas se empolgou com a perspectiva de pelo menos ver como é que funciona um local assim: "Um dia a gente bem que podia ir a um baile desses! Quem sabe encontramos um velho bom, com samba no pé". Nessa hora, o olhar de Sonia foi fulminante: "Você ainda tem essa mania de que vai pegar algum velho, né, Helena? Nem que tenha 100 anos, você vai continuar assim. Não desiste. Quer traçar um velho de qualquer maneira".

E foi assim, com samba no pé, que essas três mulheres enfrentaram os percalços do caminho. Elas definitivamente escolheram a alegria e o bom humor para semear leveza. Não são de fugir do problema, mas passam por ele com muita sagacidade, inspiradas em Beth Carvalho: "Levanta, sacode a poeira e dá a volta por cima".

Helena:

"Tenho muitos amigos que já estão ou no além, ou no cemitério. Então, temos que substituir aqueles que se foram. Ainda tenho amigos velhos, antigos, alguns que me telefonam. Tem muita gente jovem que gosta de conversar com gente velha também. Continuo fazendo amizade com os meus vizinhos, principalmente com aqueles que têm cachorro. Quando passa uma mulher com seu animalzinho, eu falo assim: 'Vai dar esse cachorro para mim?'. 'Não', ela responde (gargalhada).

Mesmo sendo amigas por muitos anos, de vez em quando, a gente grita uma com as outras. Tem vezes que as duas (Sonia e Gilda) se juntam para falar mal de mim; em outros momentos, eu me junto com uma delas para falar mal da outra e por aí vai. Vale tudo na amizade. A gente já viveu muito, teve bastante gente bacana e teve bastante gente chata também. Amigo que só liga quando precisa não é tão amigo assim.

E existe uma coisa: tenho péssima memória, esqueço muitas coisas, algumas delas de propósito. Lembro-me de uma música que diz assim: '*El pasado se ha ido, tenemos que olvidarlo*'. A gente lembra, justamente, das coisas mais divertidas.

Tem uma história engraçada que não esqueço nunca: lembro que estávamos nós três, as cajazeiras, em um velório. Era um ator famoso do Brasil. De repente, apareceu uma senhora muito magra, com um cabelo comprido no rosto, vestida de luto e com umas camélias na mão. Ela tinha sido apaixonada por ele. E, sem pensar duas vezes, começou a arrumar o defunto. Decorar o caixão. Nós tivemos um frouxo de riso que foi danado de terminar.

Música é outra coisa essencial na vida da gente. Olha... de Bach até Tonico e Tinoco, eu ouvi de tudo. Tenho coleção de música clássica, tenho coleção de jazz, cantores estrangeiros, tenho Yo-Yo Ma, Nina Simone, Omara Portuondo e muitos outros. Agora, uma canção que acho lindíssima é 'Nature Boy'. Além dessa, tem 'São Francisco', de Vinicius de Moraes, que é uma música de uma delicadeza enorme.

Tenho implicância com óperas, porque na infância o *nonno* dizia que ópera era o único tipo de música que prestava, então peguei ranço, mas tem algumas árias muito bonitas. Existem algumas canções que fazem com que lembremos de algo ou alguém. A música que marcou o meu primeiro namoro foi 'Love Letters', porque ele foi embora e me escrevia cartas.

Vocês se lembram do Vicente Celestino? Era um dramalhão. Ele cantava e a mulher dele fazia os trinados na música. Lembro a letra inteira de 'Coração materno', era um drama só, tinha gente que chorava com essas músicas. As músicas nordestinas têm coisas lindas também, o primeiro que a gente ouviu foi o Luiz Gonzaga. Eram a sua sanfona e a sua simpatia, um homem charmosíssimo, depois teve Luiz Vieira e todas aquelas pessoas maravilhosas que foram aparecendo.

Quando era pequena, lá no interior, eu acordava às vezes no meio da noite com alguém fazendo serenatas na rua. Não era para mim, porque eu era criança ainda. Devia ser para alguma namoradinha. Lembro que os rapazes tocavam aquelas valsinhas plangentes no violão. Ficava tão encantada, queria olhar, mas a minha mãe não deixava. Naqueles dias de prisão domiciliar (pandemia), colocava os meus disquinhos e ficava escutando Beethoven, Bach, música caipira. Tanto que os meus vizinhos gostam muito da minha *playlist*.

Dançar é gostoso, mas de algumas coisas não gosto. Tudo menos o baile da saudade. A gente vê aqueles velhinhos trôpegos dançando valsinha. Um, dois, três... Um, dois, três... Nem pensar. Agora, outras danças são muito boas. Encontrar um parceiro que saiba dançar é fantástico. Ouço música o dia inteiro. 'Ninguém me ama, ninguém me quer...' Quantos cantores tivemos no Brasil?

O mais lindo de todos aqueles cantores da bossa nova era o Tom Jobim. Na época, comprei todos os discos dele. Tenho disco dele com o Frank Sinatra, poxa vida... Uma pessoa cuja casa nós frequentamos muito foi a Inezita Barroso. Ela enfrentou alguns preconceitos também, era uma menina educada nos melhores colégios de São Paulo e, quando ela começou a cantar moda de viola, muitas pessoas diziam: 'Ah, que horror'. Mas, ela nunca deixou de cantar as modas regionais. Isso é muito bacana. Depois do show, descíamos todos de carro, um Studebaker, íamos para a praia com ela e armávamos uma barraca. Adoniran Barbosa também foi muito amigo nosso."

Sonia:

"Cada ser humano é de um jeito, existem pessoas que são feitas para doar, outras que são feitas mais para receber. E tem outra coisa, as amigas são amigas mesmo com todos os defeitos que elas possuem. Entre nós, temos uma relação de muitos anos e é uma relação saudável, não temos coisas que atrapalhem a amizade. A nossa relação é franca e sincera. Não falamos pelas costas, é na cara mesmo.

Na vida, tudo é uma troca, mas precisa ser uma troca boa. Alguns amigos vão morrendo e a gente vai conhecendo as novas gerações e vai escolhendo as pessoas com quem a gente tem mais empatia. Acontece uma renovação natural. Fazer amigo não é algo estático.

Quando estamos abertas para a amizade, ela aparece em nossas vidas.

E a gente precisa entender que é sempre bola para frente. Eu não vivo e não quero viver do passado. Não quero voltar ao ontem. Hoje é hoje. Tem tanta coisa para as pessoas fazerem. Vai falar com as pessoas na internet, fazer sexo virtual. Não podemos remoer o que passou. Eu quero que amanhã seja bom. Não dá para chorar pelo leite derramado. Temos que aproveitar cada minuto.

Música é algo muito bacana. Uma cantora que sempre me impressionou é a Maria Bethânia. Ela no palco é imbatível. Assisti ao primeiro show dela no Opinião, lá no Rio de Janeiro. O último show a que assisti antes da pandemia foi do Caetano Veloso, um espetáculo dele junto com os filhos. Foi ótimo. Vimos muitos shows da Ângela Maria no Bar Brahma também. Gosto muito de música, ouço canções todos os dias. Não tem nenhum estilo específico de que goste mais, tem dia que gosto de ouvir uma coisa, noutro dia, outro estilo.

Como nós somos muito velhas, pegamos várias épocas com variados tipos de músicas. Tive um tio que foi criança prodígio e tocou piano no Teatro Alla Scala de Milão. Eu me lembro muito bem dos seresteiros também: Silvio Caldas, Carlos Galhardo, Orlando Silva e por aí vai. A gente cresceu com muita música na minha casa. Tinha um amigo do meu pai que enviava discos para nós escolhermos. Acompanhamos a bossa nova, depois a Tropicália. Alguns nomes de música já foram o meu codinome. Já fui 'Xodó' e já fui 'Morena rosa'. Minha irmã e o namorado tinham a música 'Fascinação' como enredo do namoro. Sou da época do disco de 78 rotações. Tinha o compacto também, uma música de um lado, outra do outro. Era vitrola ou rádio naquela época.

Na pandemia, ouvi muita música clássica. Uma pessoa que me deixou maravilhada foi James Rhodes. Vou assim, pulando de uma música para outra, canções brasileiras, estrangeiras; às vezes, ouço jazz também. Hoje, tem o Spotify, que é uma opção excelente. É tão bom fazer um happy hour com as amigas, ouvir música, papear e abrir uma cerveja, não é? A música espanta as mágoas."

Gilda:

"Os amigos vão morrendo, a gente repõe. Qual é o próximo? Fiz muitos amigos quando estava trabalhando, muitos deles são, inclusive, mais jovens do que eu, são até mais jovens do que os meus filhos. Eu saí do trabalho e tal, mas a gente continuou a sair, íamos beber uma vez por mês e assim se atualizando da vida um do outro. A gente faz muitos amigos durante a vida.

Não podemos é ficar com melindres, tem amigos que não querem incomodar, por isso, não ligam sempre. Mas pensam em você. Outros ligam só quando precisam, aí já é mais complicado. Nesses casos, não podemos dar mole para quem esnoba. Amor é para quem dá e para quem recebe. Antes, a gente não falava algumas coisas com medo de magoar, mas hoje a gente não engole mais nada. Antigamente, você não engolia sapo, engolia era o brejo inteiro. Hoje, não tem mais isso. Amizade é algo muito bom na vida de qualquer pessoa.

Algo importante é não ficar remoendo o passado. O que já acumulamos de vitórias, fracassos e tudo o mais já passou. Não podemos ficar presos nessas coisas. O passado, às vezes, nos ataca. Mas temos que seguir. Gostaria de voltar aos anos 1960, porque existia uma coisa efervescente na cultura brasileira. Bom, teve também aquele horror da ditadura, disso não tenho nenhuma saudade. Tenho saudade dos amigos. Algo bacana atualmente são os aplicativos. De repente, você começa a conversar com as pessoas, com maior facilidade, e acaba encontrando alguém interessante. Aliás, é para frente que se anda, como dizia aquela canção.

Sempre gostei muito de música. Fui fã de Elis Regina desde o começo da carreira dela. Elis ia muito a minha casa, conheci bem, tínhamos amigos em comum. Assisti oito vezes ao espetáculo 'Falso brilhante'. Chico Buarque, Tom Jobim, Sérgio Mendes, Toquinho e João Gilberto frequentavam a minha casa também, mas, além disso, íamos assistir a eles naqueles famosos festivais. No fulgor dos meus 18 anos, achava aquilo uma festa.

Meu pai cantava, não de forma profissional, mas a música era uma constante. O piano em que todo esse pessoal tocou até hoje está comigo. Vi muitos shows na minha vida. Assisti a Maria Bethânia, Ney Matogrosso, Cauby Peixoto. Bethânia parece que incorpora, é uma coisa tão fantástica.

Gosto muito das músicas de Gonzaguinha também, acho que tem letras que retratam meu estado de espírito. Agora, tem uma letra que é a música da minha vida, porque foi feita para mim. Oscar Castro-Neves, que viveu por muitos anos nos Estados Unidos, compôs para mim. Foi um lindo caso de amor. A canção chama-se 'Onde está você'. Foi a primeira vez em que ele fez um noneto. Foi um sucesso danado.

Adoro o pianista Artur Moreira Lima, sou apaixonada por ele, é um músico incrível. Tenho um CD em que ele interpreta o Ernesto Nazareth. Nossa, é um trabalho magistral. Até Michael Jackson e Madonna eu fui assistir, naquele show histórico no Pacaembu. No Teatro Record, vi a Edith Piaf, o Sammy Davis Jr. e o Ray Charles. Era engraçado que, quando a gente namorava, tinha sempre uma música que embalava o romance. A minha canção com o Iberê (ex-marido) era 'Jura'. Que maravilha...

Uma revolução musical aconteceu no mundo quando surgiram os Beatles. No começo, meu pai achava um absurdo, depois, meu irmão começou a explicar os arranjos e ele foi gostando. Imaginem como era gostoso aprender aquelas danças. Dançar é maravilhoso, sem dúvida.

Lembro um Réveillon na Argentina. Sonia, Helena e eu, juntas para variar. E nesse Réveillon decidimos que iríamos passar a virada do ano em Puerto Madero, que era muito chique. Reservamos um restaurante com tudo incluso. A bebida, inclusive, era à vontade. Nossa... chegamos à conclusão de que demos prejuízo. Foram cinco garrafas de prosecco. Dançamos, comemos de tudo, mas estávamos impolutas. Acho que os garçons até pensaram assim: 'Essas três velhas manguaceiras nunca mais'. Sei que nos divertimos pra caramba. Tiraram a Helena para dançar e, de repente, estava ela flanando pelos salões argentinos.

Em uma outra ocasião, eu fui a uma festa de aniversário que era em um desses lugares em que o pessoal costumava dançar, um lugar interessante. Mas foi curioso que, quando fui dançar, tinha um *taxi boy* por ali. Dava para escolher: 'Quero dançar com aquele ou com aquele outro!'

Sempre gostei de dançar, tinha dois irmãos que dançavam comigo. Dançar é uma delícia, lava a alma. A melhor forma de você transpirar é dançando e, se pudermos fazer isso com os amigos, é melhor ainda. A amizade é uma das maiores preciosidades que a vida nos presenteia. De repente, você para e pensa: *Que bom que tenho essa pessoa ao meu lado.*"

PARTE 3
Ser ou não ser?

Helena

Helena Mendes Rotundo Wiechmann nasceu em 1º de agosto de 1928, na cidade de Bebedouro, interior de São Paulo. Seus pais foram Miguel Rotundo, que era uma mistura de guarda-livros, como eram chamados os contadores antigamente, com gerente de companhia elétrica, e Ignez Mendes do Prado, uma dona de casa nos moldes mais patriarcais da sociedade.

Os avós paternos, que Helena pôde conhecer bem de perto, eram um casal muito dissonante. Ele se chamava Tomazzo Rotundo, era calabrês e imigrou para o Brasil no final do século XIX. Estabeleceu-se em Ribeirão Preto e iniciou a vida profissional trabalhando na lavoura. Logo conheceria Antonieta Cirelli, uma siciliana arretada, com a qual se casou e teve três filhos.

Depois do casamento, montaram um armazém de secos e molhados e viveram a vida toda implicando um com o outro. "O casamento dos avós foi sempre uma briga de foice. Assim como o *nonno*, ela também achava que foi uma bruta besteira", lembra Helena. No entanto, ficaram lembranças interessantes desse convívio. Tomazzo era um machista de primeira, mas sensibilizava-se ouvindo ópera. Antonieta, pequena e frágil na constituição física, era feroz em suas respostas. Mas era companheirona dos netos, preparando pães deliciosos e dando alguns trocados para comprarem sorvete.

Do lado materno, os avós eram João Mendes do Prado e Mariana Mendes do Prado, dois mineiros de raízes profundas na terra do ouro e do diamante. Descendiam de cristãos-novos, como eram designados os judeus que se convertiam ao cristianismo, na maioria das vezes de forma forçada. Com certa rigidez nos costumes, tornaram-se fazendeiros abastados. Do casamento, nasceram cinco filhos; porém uma tristeza profunda, desencadeada pela morte prematura de Mariana, abalou o seio familiar. Foi assim que João dividiu os filhos para serem criados, cada qual por um parente mais próximo.

Ignez foi educada no prestigiado colégio Notre Dame de Sion, onde se tinha uma rotina exaustiva de trabalhos manuais, que iam desde o tule bordado com o mais sutil dos gestos até o crochê. Os desenhos geralmente formavam delicados arabescos ou belas estruturas florais. O único passeio permitido era ir à missa. Esses hábitos restritivos certamente influenciaram a personalidade dela. Se não bastasse a situação em que vivia, uma nova tragédia se abateu: o velho João perdera grande fortuna, terras, gado e, em um momento de desespero, suicidou-se.

O tempo foi passando e Ignez se casou com Miguel, mas não parecia ser muito feliz. Era uma mulher autoritária, fechada em seus sentimentos, que frisava, incisivamente, que criança não tinha que perguntar "por quê?". Foi dessa forma que criou os três frutos do seu casamento: Helena, Therezinha e Luiz. O esposo já era mais alegre, liberal, gostava de brincar com as crianças e trazia alguma leveza àquele ambiente de repressão.

A madrinha de Helena era a irmã de sua mãe, Ana, que, logo após o batizado, tornou-se freira, incorporando o nome de Irmã Helena do Cristo Rei. Os anos foram passando e a menina cresceu espevitada e xereta. Tinha ódio de bonecas: a primeira que teve, presente do *nonno*, acabou destrinchada em uma espécie de "cirurgia". Suas brincadeiras prediletas eram bilboquê construído com lata de molho de tomate, flautas feitas com talos de mamoeiro e estilingue para apanhar frutas. Além disso, gostava de brincadeiras "de meninos", como jogar pião e bolinha de gude.

Quando um filho sofria de algum mal, por exemplo, terçol ou tosse forte, a família logo chamava a curandeira Maria Malatesta, que fazia "milagres" entre a criançada da região. Eram mil chás: erva-cidreira, erva-doce ou funcho, camomila, gengibre ou barbatimão. Quando alguém tinha enxaqueca, rodelas de batata eram colocadas na testa e amarradas com um lenço em volta da cabeça. Assim, as dores seriam aliviadas. No entanto, a sua saúde era muito boa. "Como dizia um velho tio nosso: 'as mulheres dessa família são que nem aroeira, difíceis de quebrar'."

Helena se recorda com alegria da inserção no grupo escolar; aprendeu a ler e a escrever, um pouco de aritmética e noções de geografia e história. Pouco depois, continuou os estudos em Tupaciguara, cidade mineira para onde mudaram-se.

Nessa época, ela também ganhou óculos, o que a deixou muito feliz por conseguir enxergar melhor, inclusive podendo deliciar-se com filmes. O cinema a fascinava, ela queria ser Shirley Temple. Quando ficou adulta, percebeu que estava sendo muito ingênua naquele sonho água com açúcar. Sendo assim, decidiu que preferia ser Anna Magnani, uma mulher muito à frente de seu tempo.

Os seus estudos seguintes foram como interna em um colégio de freiras. Primeiro estudou no Colégio Nossa Senhora das Lágrimas, em Uberlândia, e depois no Colégio Anjo da Guarda, de Irmãs Doroteias, quando a família voltou a morar em Bebedouro. Helena não era uma menina comum. Era muito sagaz, perguntadeira, estava sempre envolvida em alguma estrepolia e deixava as irmãs "de véu em pé". Por onde andava, naqueles imensos e angustiantes corredores, via placas com o seguinte lembrete: "Deus me vê". Era uma forma de prevenção contra atitudes que fugissem às regras.

Helena e Ignez não se entendiam muito bem. A mãe a repreendia sempre que possível, não dava afeto e falava sem qualquer pudor que achava a filha feia. Esse foi um dilema pessoal enfrentado durante toda a juventude de Helena. Ela realmente se achava pouco atraente e sentia-se muito distante daquela realidade do interior. Em sua imaginação, deveria existir um outro lugar muito mais livre e cheio de oportunidades do que a vida sossegada que Bebedouro lhe oferecia.

Certa vez, a jovem menina decidiu que queria encarnar o anjo da procissão na Páscoa. Aquela figura toda vestida de branco, que inspirava uma doçura e uma paz tão grande, sensibilizou a jovem Helena. Ela acalentou no coração esse desejo pueril. Porém, a figura materna, mais uma vez, a desencorajaria, dizendo: "Não existe anjo de óculos". Acabou ali o sonho angelical. Contudo, o tempo passou e ela tornou-se uma jovem inteligente e afastada dos preconceitos de sua época.

Conheceu o primeiro amor ainda na terra natal. Foi uma paixão avassaladora, daquelas que fazem o joelho tremer e o coração bater acelerado. O nome dele era Idelfonso, e o "namoro" foi vivenciado aos poucos. Um dia, porém, o seu amado mudou-se para Porto Alegre e pediu para que continuassem se falando por cartas. A correspondência iniciou-se, mas logo foi interrompida. Helena ficou triste ao pensar que todo aquele sentimento era uma mentira. Ela ainda teve que ouvir de algumas amigas: "Não falei que ele não queria nada sério?". A verdade, porém, não era essa. As cartas é que não chegavam em suas mãos. Motivo? A mãe queimou todas por não aprovar o relacionamento.

Helena já estava de saco cheio daquela situação repressora. O namoro terminou, porém sua vida estava apenas começando. Com 21 anos, ela voou em busca dos seus sonhos. São Paulo foi o local escolhido para que uma nova etapa se iniciasse em sua trajetória: "O dia tão sonhado havia chegado. Tomei o trem e disse adeus à prisão. Minha prima Jandira me esperava na Estação da Luz. Fiquei atordoada com a grandeza do lugar, o burburinho de gente, as ruas cheias de carros, bondes, aqueles prédios altíssimos. Toda aquela agitação me deixou em pânico, mas foi maravilhoso".

Ao chegar na Pauliceia Desvairada, ela logo conseguiu um emprego em uma firma importadora de livros técnicos, científicos e literários. Foi assim que travou contato com certa intelectualidade paulistana. Depois de quase um ano na firma, arranjou outro emprego, uma vaga na editora que produzia o impresso *Quem é Quem no Brasil*, atuando praticamente como repórter, porque entrevistava muitos intelectuais, artistas e industriais.

Teve contato com o compositor Paulo Vanzolini, com o pintor Lasar Segall e com o etnólogo alemão Herbert Baldus, que, naquela altura, trabalhava na seção de história do Museu do Ipiranga. Lá foi Helena em busca de mais uma aventura: "Fui entrevistá-lo no museu e ele tinha acabado de voltar de uma visita aos índios carajás, às margens do rio Araguaia. Mostrou-me um punhado de objetos e depois me levou para outra ala. Só que o caminho era por cima do telhado, imagine! Atravessei aquelas grimpas de maneira corajosa, com as pernas tremendo".

Paralelamente ao trabalho, Helena fazia um curso de cinema, no Centro de Estudos Cinematográficos. Sua paixão pela sétima arte vinha desde a infância, e ela logo construiu uma roda de amigos com os mesmos interesses. Faziam parte do grupo Oscar e Riva Nimitz, José Carlos Fachada, Lázaro Black, Emília Amstein, Flávio Lenzi e Antunes Filho, que, acostumado a colocar apelidos nos amigos, a chamava de "Helena fechou a porta". Foi por aquele período que surgiu dentro do seu coração a vontade de trabalhar na Companhia Cinematográfica Vera Cruz. Havia ficado fascinada ao assistir a *Caiçara*, o primeiro filme produzido pela companhia. Finalmente, em sua opinião, as pessoas retratadas na obra tinham em seu âmago uma maior identidade brasileira.

E não é que ela conseguiu esse emprego?! Entrou para substituir uma secretária que sairia de férias e acabou conquistando uma vaga na seção de publicidade. Teve, então, contato com os grandes astros do cinema brasileiro, tais como Anselmo Duarte, Eliane Lage, Alberto Ruschel, Renato Consorte, Tônia Carrero, Marisa Prado, Mário Sérgio, Inezita Barroso, Mazzaropi, Milton Ribeiro e uma mulher especial com a qual estabeleceria uma amizade vida afora: Ruth de Souza.

"Minha amizade com a Ruth foi se firmando por proximidade, já que morávamos no mesmo prédio, na rua Abolição, 184. Depois moramos no mesmo apartamento. Ela foi para mim um exemplo de firmeza, era uma pessoa inspiradora. De menina pobre da roça, foi para o Rio de Janeiro e sonhou em ser atriz. Havia muito preconceito contra os negros. Mas ela fez uma carreira de grandes papéis. Fomos amigas por mais de sessenta anos. Acompanhei toda a sua vida profissional e conheci muitas pessoas por causa dela. Minha vida era uma festa constante, e Ruth dizia que eu viera ao mundo a passeio."

Em meio a tantas pessoas interessantes, rapidamente surgiria um novo amor, o artista plástico Carmélio Cruz, um cearense charmoso, de fala mansa, um homem muito bom, como Helena frisa sempre. O começo dessa história foi engraçado, porque Helena não suspeitava que ele estivesse interessado nela. Carmélio estava constantemente à porta dos escritórios da Vera Cruz, todavia, a moça não desconfiava de nada. Ruth foi quem abriu os seus olhos: "Você ainda não percebeu que ele está interessado em você?". A partir disso, Helena começou a prestar mais atenção nele e, por fim, iniciaram um romance. O pedido de casamento não tardou e, enquanto ela digitava na Olivetti uma carta aos pais, ele pintava o seu retrato.

Foi um casamento feliz e repleto de peripécias. Uma delas foi uma viagem a Minas Gerais, arranjada pelos Irmãos Santos Pereira, que eram cineastas e propuseram ao casal uma temporada em Belo Horizonte. Pouco depois, ficaram hospedados no Grande Hotel de Ouro Preto e ainda fizeram amizade com o vice-governador Clóvis Salgado. Helena, sempre muito ágil, sugeriu que Carmélio fizesse um retrato da mulher do vice, Lia Portocarrero Salgado. Dito e feito: eles agradaram a sociedade mineira e permaneceram mais um tempo diante das belas paisagens históricas. Houve até um convite para jantar na casa da escritora Lúcia Machado de Almeida. E sabe quem também compareceu? O futuro presidente do Brasil, Juscelino Kubitschek.

Quando voltaram a São Paulo, a vida continuou seguindo passos normais, ou quase normais, porque a vida desses dois era repleta de surpresas inesperadas. Helena havia ficado desempregada, porque a Vera Cruz tinha falido. Sem trabalho, ela começou a "empresariar" o marido. Inclusive, nessa altura, ele fez uma exposição importante na galeria Michel Weber, sucesso de crítica e público. "Carmélio odiava ter que vender os quadros e, quando lhe perguntavam o preço, ele gaguejava, coçava a cabeça, parecia que preferia dá-los e fim de papo. Como estava desempregada, pensei que deveria cuidar disso: negociava os preços, fazia inscrição para salões e bienais, discutia sobre ilustrações em capas de livros e marcava hora para as madames posarem para os retratos. Enfim, me descobri uma verdadeira mulher de negócios. Para completar, ainda lavava os pincéis e era dona de casa. Meu Deus, como havia energia! Porque, além disso, também frequentávamos os bares e encontrávamos os amigos."

Nesse período, ela foi convidada pelo diretor Fernando de Barros para trabalhar na equipe do filme *Uma certa Lucrécia*, de 1957. O elenco era recheado de estrelas: Dercy Gonçalves, Odete Lara, Aurélio Teixeira, Mauro Mendonça, Agnaldo Rayol e Ana Maria Nabuco. "Filmávamos nos estúdios da Vera Cruz, mas era uma produção independente do Oswaldo Massaini, dirigida por Fernando de Barros. O filme era protagonizado por Dercy Gonçalves, que era a primeira a chegar ao set de filmagem. Fui continuísta do filme, *script girl*, como se dizia na época. Foi muito agradável, ela improvisava o tempo todo, ficamos amigas, ouvi algumas confidências, muita bronca e uma deliciosa maledicência", conta.

O casamento, no entanto, começou a entrar em crise. Helena sofreu dois abortos espontâneos, e Carmélio, segundo ela, ficou um pouco "neurótico" com isso tudo: "Toda vez que te toco, você acaba em um hospital", dizia ele. Foi assim que a vida sexual dos dois foi apagando-se. Começaram os desentendimentos e eles decidiram se separar. Mas continuaram bons amigos. Ele saiu do apartamento e deixou, generosamente, quase todos os quadros em casa à disposição dela. Era uma forma de preocupação; se ela precisasse de dinheiro poderia vender alguns deles.

Helena ficou feliz em ter, novamente, mais liberdade, já que não tinha mais que dar satisfação a ninguém, e era presença constante em pré-estreias de filmes e peças de teatro. A vida boêmia sempre lhe agradou, e ela compartilhava esses momentos ao lado de grandes amigos, como o escritor José Mauro de Vasconcellos, o ator Renato

Consorte e o artista plástico Aldo Bonadei. Além, é claro, de Ruth, que não era apenas uma amiga – era uma irmã.

Logo, uma nova atividade profissional apareceria em sua vida; seria bem passageira, entretanto, muito rica culturalmente. Em 1958, o escritor Barbosa Lessa a convidou para interpretar uma personagem na peça teatral *Rainha de Moçambique*, escrita por ele. É claro que Helena aceitou participar dessa história envolvente sobre o folclore paulista. O espetáculo era encabeçado pelos atores Elísio de Albuquerque e Lourdes Rocha no Teatro Cultura Artística, no bairro da Consolação. Helena vivia uma vendedora de pamonhas. Foi a sua primeira e única imersão como atriz.

É claro que o coração dela também não ficou vazio por muito tempo. No fim da década de 1950, começou um romance com um jornalista que trabalhava nos Diários Associados. Ela tinha que ligar na redação do jornal para marcar um encontro com o *crush*, afinal, ter um telefone em casa era artigo de luxo. Pouco depois, teve um namorico com o ator de Hollywood Walter Reed, que estava no Brasil filmando *O mistério da ilha de Vênus*, filme em que Ruth teve papel de destaque – inclusive, foi ela quem os apresentou. Em algumas semanas, Walter teve de voltar aos Estados Unidos, mas o envolvimento ganhou um *revival* tempos depois.

Diante dessas agitações amorosas, houve o surgimento de um grande amor, já no comecinho da década de 1960. Um dia, ela compareceu a um jantar na casa de Helena Pignatari e Klaus Werner, em Osasco, e deparou-se com um jovem alemão muito gentil. Seu nome? Carl Wiechmann, arquiteto. A conversa foi agradável e, na hora de ir embora, ele se ofereceu para levar de carro um grupo de pessoas, entre elas, Helena. E foi a última a ser deixada em casa, o que deu chance para uns amassos dentro do automóvel. Ele foi rápido e a convidou para um encontro no dia seguinte.

"Carl chegou pontualmente. Achei até engraçado, porque estava acostumada com os brasileiros, que sempre se atrasavam ou davam bolo. Vi quando o carro parou na rua, meio-dia em ponto. Subiu no meu apartamento, achou tudo muito bonito e pediu para ir ao banheiro. Pensei: *Xiii, não vai prestar!* Descemos, entramos no carro e ele me perguntou o que eu preferia: ir para Interlagos ou para o apartamento dele. Imaginei: *O que vou fazer em Interlagos?* Fomos para o apartamento dele e, depois do papo de sempre, aconteceu o inevitável."

Acabou em um casamento muito bom, com cumplicidade enorme entre os dois. Desse enlace feliz nasceram Alex, em 1961, e Andréa, em 1962. Em pouco tempo, compraram uma casa confortável em Santo Amaro, onde viveram por quase vinte e cinco anos. Carl era um homem muito racional, mas carinhoso. Havia combatido durante a Segunda Guerra Mundial e perdido uma perna em um dos conflitos. Tinha horror de Hitler e profunda tristeza com as tragédias do Holocausto. No entanto, possuía uma alegria preciosa e uma polidez nos gestos.

Os filhos depois lhes dariam netos: Beatrice, Carl e Frederico. Mas, ao contrário da grande maioria das vovós, Helena foi pouco convencional e nunca os paparicou. Sempre foi amiga, realista e, principalmente, objetiva. Acreditava que os netos são uma continuidade da família, dos filhos, de si, mas são diferentes e devem buscar sempre uma independência. Foi assim, com sinceridade e humor, que ela conviveu com eles. Ela fugiu sempre dos estereótipos, talvez por ter sido tantas vezes impactada por eles.

Helena conheceu, desde cedo, muitos preconceitos. Ser mulher, ser independente, fazer sexo antes do casamento, ser artista e ser desquitada. Foi essa última situação que a fez sentir na pele, mais uma vez, o peso da ignorância. Isso ocorreu quando ela e o marido foram procurar uma escola para matricularem os filhos. "Uma freira nos recebeu, conversou conosco e eu disse que não éramos casados no papel, porque eu era desquitada. Foi então que ela me retrucou: 'Como é que a senhora quer que ensinemos aos seus filhos que terão apenas um senhor se a senhora já tem dois?'. A burra considerava os maridos como donos das mulheres. Eu me levantei num pulo e disse ao Carl: 'Vamos embora!'. Chorei de raiva naquele dia. Por fim, matriculamos as crianças no colégio Waldorf, o que deu uma referência alemã a elas."

As viagens à Alemanha eram frequentes. Iam muito ao Guarujá também, onde alugavam a casa da atriz Eliane Lage, uma boa amiga, na praia do Tombo. Em casa, uma outra grande amizade nasceu com a contratação de Claudemira, mais conhecida como Mira, sua fiel empregada. Ela tinha um caráter maravilhoso, era mandona, malcriada e, por isso, deliciosa. Havia um resmungar cheio de carinho. Era dela a frase "Essas crianças estão malinando", evidenciando as travessuras que faziam.

Durante os anos de casamento, Helena descobriu uma nova façanha profissional: ser tradutora. Ela falava muito bem o inglês, francês e arranhava no alemão. Traduziu alguns livros, inclusive a biografia de Salvador Dalí, e prestou serviços para estúdios de dublagem, como o Peri Filmes, no Rio de Janeiro. Muitos episódios de *M*A*S*H* e *Batman* foram traduzidos por Helena. Algumas vezes, ela ficava hospedada na casa de Ruth de Souza, no Leblon. Naquela altura, a amiga de todas as horas já havia deixado a Pauliceia para morar no Rio.

Os anos foram passando e uma tristeza abateu-se sobre os Wiechmann. Helena ficou viúva em 1985, quando Carl sofreu um infarto e acabou não resistindo. Foi uma perda muito sentida. Ele era um homem especial, um bom pai, bom marido e, principalmente, bom amigo. Foi uma união sem altos e baixos, tranquila, com respeito e muito companheirismo. O sentimento foi quase de orfandade. Mas se tem algo que não existe em Helena é a "má solidão", daquelas que depreciam e entristecem.

Pelo contrário, ela sempre soube se refazer e se reconstruir. Estava com apenas 57 anos, ainda tinha muito o que viver. Continuou trabalhando em traduções e se divertindo com os amigos. Além, é claro, dos livros, já que ela é leitora contumaz, assim como cadeira cativa nos cinemas paulistanos. Há até hoje um sorriso malicioso em seu semblante. Essa vitalidade é o que a manteve em pé durante os percalços da vida.

Certa vez, foi visitar a filha Dedé, apelido carinhoso que o irmão deu a ela, nos Estados Unidos. Andréa estava morando em Miami e convidou a mãe para passarem uma temporada juntas. E não é que bateu saudades do charmoso Walter Reed? Helena ligou para ele e recebeu um convite: "Vem passar uns dias comigo?". Ela fez as malas e partiu para São Francisco. Ah... como era bom ver acesa novamente a chama do romance.

O tempo passou e as paqueras foram escasseando, até que houve uma surpresa inesperada. Helena estava com 80 anos e reencontrou um velho amigo, pintor talentoso com o qual compartilhava o gosto por arte, cinema e literatura. Da amizade passaram ao romance, e ela pôde ser, novamente, completa no amor. Foram oito anos de um namoro quase pueril, em que trocavam muitas referências. Cada um morava na sua casa, não havia "títulos", eram um casal sem rótulos. No entanto, ele "aprontou", como os outros, uma coisa muito feia – morreu!

"O tempo passou muito depressa e a velhice chegou quase como que de surpresa, mas sem mágoas ou arrependimentos. Aos 94 anos, ainda penso em votar nas próximas eleições e tenho planos para o futuro. Conservo amigos da juventude e amiguinhas boas de copo, assim como eu. Não perdemos aquela coisa gostosa que é conversar em mesas de botecos, chiques ou fuleiros. O que me interessa é que estou viva, semilúcida e me divirto bastante. Digo semi porque me esqueci de muitas coisas, principalmente as chatas."

As Avós se falam quase todo dia: "Sonia e eu somos amigas da vida inteira, ela não mede palavras para me criticar e vice-versa, mas é melhor assim, falamos na cara. É uma amiga que estimo muito. A Gilda conheci através da Glorinha Moreira, uma outra amiga, frequentávamos festas gostosas e depois os nossos maridos chegaram até a ser sócios em uma empresa de papel. Ela é bem italiana, bem-humorada, pessoa de excelente astral, e rimos muito juntas".

Helena não imaginava imergir no mundo virtual, mas, quando surgiu a ideia do canal do YouTube, se empolgou bastante. Havia acabado de completar 90 primaveras e, conforme iam ganhando notoriedade no digital, pôde sentir-se ainda mais viva e consciente de sua contribuição para que as pessoas mais velhas entendessem que estão vivas e que ainda havia muitas experiências a serem vividas. É preciso coragem para se entender como agente produtor e consumidor de conteúdo.

"Não sou daquelas velhas que vivem dizendo: 'No meu tempo era melhor'. No meu tempo, o telefone era uma desgraça, carros eram carroças, televisão era em branco e preto, havia repressão sexual, encontros em motéis, fraldas 'indescartáveis' e vendedores de Deus de porta em porta. Éramos um país de desdentados. Hoje o brasileiro pode, pelo menos, rir sem constrangimentos. Quase todo mundo tem um teclado apresentável. Pertenço, pelo lado materno, a uma estirpe de mulheres longevas. Minha bisavó morreu com 104 anos, minha mãe, com 93 e minha tia freira, com 96. Eu mesma decidi que não vou morrer. Por enquanto, pelo menos. Estou só com 94, gente! Azar dos meus filhos e viva o Estatuto do Idoso: eles irão me aguentar um bocado."

Sonia

Sonia Vera Arruda Massara nasceu no dia 31 de dezembro de 1937, na maternidade Pro Matre Paulista, localizada no bairro da Bela Vista, em São Paulo. Era filha de Marcelo Massara e Eugênia Arruda. Sua família é um misto de diferentes e importantes culturas, tais como a italiana e a portuguesa. Além disso, alguns de seus familiares maternos eram da terra da rainha.

Por via paterna, descende dos avós Rosario Massara e Elvira D'Onoffrio, uma família originária da Calábria, ao sul da Itália, região banhada pelos lendários mares Tirreno e Jônico. Além disso, aquela terra é conhecida pela sua famosa pimenta e pelas saborosas bergamotas, fruta que os calabreses têm hábito de consumir. Marcelo Massara, fisicamente, tinha um tipo árabe. Era moreno, de cabelo crespo, olhos grandes, provavelmente uma influência do povo sarraceno, como eram conhecidos os muçulmanos que invadiram a Sicília durante o século IX. No Brasil,

Rosario montou um laboratório farmacêutico onde seu filho Marcelo trabalhou a vida inteira.

Por via materna, descende dos avós Frances Violet Wilkinson e Salatiel Arruda. A avó era portuguesa da Ilha da Madeira, mas tinha um pai inglês, com raízes da Era Vitoriana, período que pode ser resumido por uma frase famosa de Charles Dickens, no livro *Um conto de duas cidades*, que revela as contradições entre progresso e retrocesso: "Foi o melhor dos tempos, foi o pior dos tempos". Além dele, foram fruto dessa era outros escritores importantes, como George Eliot e Oscar Wilde. Frances era uma jovem de família burguesa, também fruto dessa mistura, que ficou ainda mais forte quando se deu o enlace com Salatiel, um filho do Brasil.

E foi ainda em águas lusitanas que um fato curioso aconteceu com Frances. Ela escrevia poemas e correspondia-se com o poeta Antero de Quental. Era uma correspondência platônica. Nunca ninguém chegou a ler nada do que escreviam nas cartas, porque, quando ela morreu, as filhas queimaram tudo. Achavam que era uma indiscrição, que não ficaria bem. A fumaça do tempo banhou de cinzas essa história de amor, mas a lembrança permaneceu intacta diante da chama inexplicável da imaginação.

A herança portuguesa trouxe duas características fortes a Sonia: o gosto pela culinária e a franqueza de espírito. Ela cozinha muito bem, prepara guloseimas apetitosas, aquelas refeições que dão água na boca apenas de olhar para o prato. Além disso, é comum o gosto pela mesa farta – um servir sem economia. Sobre a franqueza, essa é uma das qualidades mais importantes que carrega consigo, porque a sua transparência é face a face, sem fingimentos.

Do matrimônio de Frances e Salatiel nasceu Eugênia, mulher apegada aos valores patriarcais da sociedade, aspectos que ela levou para o casamento com Marcelo e para a criação das próprias filhas: Guida e Sonia. A infância da menina loira e esperta foi castradora, como ela explica sempre. As meninas eram postas em vigilância contínua, nem ficar suada depois de um corre-cotia com os primos era tolerado. Eram como peças de cristal, daquelas que devem apenas impressionar pela boa aparência.

Quando conseguia escapar da vigilância, Sonia gostava de brincar de berlinda, que consistia em falar tudo o que se pensava de um amigo, que ficava no centro da criançada. Gostava também das brincadeiras de passa-anel, amarelinha, estátua viva e pular corda, sua favorita. Mesmo assim, era uma infância muito limitada. "Na minha época, as crianças eram muito frustradas. Nunca aprendi a andar de bicicleta, porque minha mãe achava que eu poderia quebrar os dentes, nunca aprendi a nadar, porque ela frisava que mulher não precisava aprender isso. Quando estava brincando, ela me puxava e dizia que já estava na hora de parar, porque eu estava suando. Então, tive uma infância muito chata, era mais chegada ao meu pai, que era mais liberal. Mas logo saí de casa, foi tudo muito precoce."

Os primeiros estudos de Sonia foram realizados no tradicional colégio Elvira Brandão. Depois de algum tempo, ela mudou de instituição, ingressando em um colégio de freiras, já que os seus pais achavam que ela e a irmã necessitavam de uma educação mais rígida. Em um ambiente no qual a pureza e a caridade eram cobradas o tempo inteiro, era triste presenciar alguns episódios de extrema hipocrisia e desrespeito. Algumas meninas pobres que eram "aceitas" para estudarem no local como bolsistas faziam trabalhos árduos de limpeza e ainda eram tratadas com desprestígio. Havia uma desigualdade explícita.

Foi nesse colégio que Sonia passou por uma situação de assédio sexual. Certo dia, o pároco a chamou para conversar. Ela estava aflita e, quando entrou numa sala vazia, ouviu do sacerdote: "Vi nos jornais que você irá se casar. Mas ainda é muito jovem, menina!". Sonia ouvia tudo aquilo com certa apreensão. Porém o choque mesmo veio quando as mãos dele se aproximaram do seu busto: "Deixa eu ver se você já tem seios?". Sua primeira reação foi dar-lhe um empurrão e sair correndo sala afora. Essa foi uma realidade vivida por muitas jovens e, infelizmente, sem o devido amparo, visto que os seus pais negligenciaram o ocorrido, achando melhor abafar o caso e dessa forma não causar "alardes".

O noivo de Sonia foi o seu primeiro amor, e conhecê-lo fez com que pudesse dar adeus à casa paterna. Ela estava com 14 anos quando conheceu o primeiro marido e apaixonou-se à primeira vista. O namoro começou "por baixo dos panos", porque a sua família não fazia gosto desse enlace. Todavia, de nada adiantaram os impedimentos que foram colocados para atrapalhar o relacionamento dos dois, já que o temperamento da menina era bem forte.

Foi assim quando decidiu entregar-se de corpo e alma, com 16 anos, ao homem que amava. Fez sexo com ele antes do casamento e acabou engravidando: "O meu marido era dez anos mais velho do que eu, mas foi um amor maravilhoso. Não fui forçada a nada, tinha plena consciência do que estava fazendo. Ele estava noivo de uma outra pessoa e terminou o noivado para ficar comigo. Foi uma paixão de parte a parte".

Sonia foi emancipada, e assim pôde se casar com o namorado, que, naquela altura, trabalhava na Companhia Cinematográfica Vera Cruz. O ano era 1954, e foram padrinhos desse matrimônio o empresário Franco Zampari, fundador da Vera Cruz, e sua esposa Débora Zampari. Algo curioso aconteceu nessa história, porque, para ter Franco como padrinho, o jovem pediu demissão do seu serviço, uma vez que o chefe deixou claro que não poderia apadrinhar nenhum funcionário – seria antiético, na concepção dele.

Ao se casar, Sonia rompia a casca da adolescência para desabrochar como adulta. O casamento fez com que ela entrasse para o seio de uma família paulistana, naquela época, de grande prestígio. Seu sogro era João Pacheco Fernandes, que foi secretário da Fazenda e depois fez carreira no Banco do Brasil. Além disso, na segunda metade do século XX, ele foi um dos incentivadores para a vinda dos primeiros aparelhos de televisão ao Brasil, o que se realizou em 18 de setembro de 1950, com a criação da TV Tupi por Assis Chateaubriand. Já a sogra era a escritora e jornalista Maria Dezonne Pacheco Fernandes, famosa nos círculos literários por ter escrito a obra *Sinhá Moça*. "Ela era brasileira, mas tinha pai belga. Foi curioso que dona Mariazinha conheceu o marido no bonde. Ela se formou em jornalismo bem cedo, sendo uma mulher pioneira, por isso era tida como uma rainha-mãe. Por eu ser muito jovem ainda na época do casamento, ela meio que se sentiu maternal comigo. Era uma mulher divertida e dominava a família toda. Nós nos demos muito bem, mas tinha um certo cuidado, porque ela era dominadora, então, eu sabia me afastar nas horas certas. Assim, pudemos conviver sem atrito nenhum."

Os primeiros anos de casamento foram vividos em uma fazenda em Limeira, de propriedade dos sogros. Era uma fazenda de cana-de-açúcar, com uma bela granja, e administrar o local foi uma forma de o marido ter uma nova atividade profissional. O primeiro bebê do casal, chamado João, nasceu quando Sonia ainda tinha 16 anos e nenhum tipo de experiência com recém-nascidos. A fazenda era longe de tudo, mas eles se saíram muito bem e, dois anos depois, nasceria outra criança, Sílvia.

O nascimento da menina foi um episódio engraçado. Um dia antes do parto, foi o aniversário de seu marido, que bebeu um pouco a mais, despertando a insegurança de um amigo do casal, o ator Mauricio Barroso. A preocupação com aquela situação e, principalmente, com a gestante, foi tanta que ele os acompanhou até em casa, em um belo gesto de amizade.

Por coincidência, a gestação estava chegando mesmo ao fim, uma vez que Sílvia nasceu naquela madrugada. Mauricio, o fiel escudeiro, também acompanhou os amigos ao hospital, porém causou algumas "confusões" por lá. Primeiro, porque algumas pessoas, ao verem dois homens acompanhando uma mulher grávida, situação incomum naquela época, confundiram-se em saber quem era o pai da criança e, segundo, porque ele fez uma brincadeira pelos corredores dizendo que a bebê teria o nome de Mauriceia.

Com a vinda de mais uma criança, a família decidiu voltar a morar em São Paulo, e o marido de Sonia iniciou um emprego novo como publicitário. Depois, mudaram-se, por um período, para o Rio de Janeiro, mas indo sempre a São Paulo para visitar os parentes e amigos. Foi assim que Sonia teve a oportunidade de realizar seus primeiros trabalhos profissionais, atuando como modelo em alguns anúncios de publicidade. Além disso, fez comerciais para a televisão.

A vida dos pombinhos era bem movimentada. Os trabalhos artísticos fizeram com que convivessem com muitas pessoas importantes para a cena cultural paulistana da década de 1950. O Teatro Brasileiro de Comédia (TBC) era um ponto alto de encontros sociais. Ia-se muito ao Nick Bar, ao Clubinho dos Artistas, ao bar da *Folha de S.Paulo*, ao restaurante Gigetto e ao Paribar. Todos esses locais foram essenciais na construção de uma boêmia saudável e precursora de outros movimentos artísticos.

Em uma dessas andanças, o casal fortaleceu a amizade com a cantora Inezita Barroso e com Adolfo, o esposo dela. Saíam para jantar e para ouvir música. Foi encantador presenciar o sucesso de canções como "Moda da pinga", de Ochelsis Laureano e Raul Torres, "Lampião de gás", de Zica Bérgami, e "Ronda", de Paulo Vanzolini – todas elas interpretadas pela voz potente e mágica de Inezita.

Todavia, a felicidade do casal foi abalada pelas constantes traições dele. Depois de 17 anos de casamento, Sonia não teve mais vontade de levar o relacionamento adiante. Estava fatigada, era algo que resvalava em seus filhos. Porém, ela não esconde que deu o troco, traindo o marido também. Disposta a mudar aquela situação, a necessidade de voar em busca de outras oportunidades e refazer a sua vida foi mais que essencial. Será que ficaria sozinha para sempre? Era uma mulher atraente, alegre, forte e muito consciente do novo rumo que trilharia em seu caminho.

"Meu marido se apaixonou muitas vezes por outras pessoas enquanto estava casado comigo, mas eu sempre dava opção de ele ficar no casamento. Só que, da última vez, comecei a ficar de saco cheio. Percebi que, se continuasse naquele ritmo, ia ficar velha sem ter reconstruído a minha vida. Imaginava que, com filhos adolescentes, seria difícil arranjar alguém que quisesse um relacionamento sério comigo. No entanto, foi até que bem rápido, porque logo conheci uma outra pessoa e costumo brincar que ainda tinha roupa do falecido no armário quando o novo namoro ficou sério!"

Nesse ínterim, Sonia iniciou uma busca constante por novos empregos. Um deles foi ser vendedora na loja Dromedário Elegante, da estilista Regina Boni, que foi esposa de José Bonifácio de Oliveira Sobrinho, diretor da TV Globo e publicitário também. Um pouco depois, arranjou um emprego como diretora de vendas de uma filial da marca de cosméticos Helena Rubinstein. Atuou também como maquiadora, promovendo alguns eventos de maquiagem.

Com o novo casamento, dessa vez com um produtor de filmes publicitários, ela foi morar em um sítio no alto da Cantareira, em Mairiporã. Lá, Sonia se dedicou aos cuidados de uma horta orgânica, o que no começo da década de 1970, era algo inovador. Criava galinhas caipiras, entregando os ovos e as verduras que plantava para pequenos empreendedores das redondezas. Foi um matrimônio de quase trinta anos, que acabou quando os dois se entenderam como incompatíveis no modo de ser e viver. Sonia estava com 60 anos e não teve medo de colocar um ponto-final em algo que começou a não lhe fazer bem. "Ele gostava muito dos meus filhos e achamos por bem achar um lugar legal para morarmos todos juntos. Compramos um sítio no alto da Cantareira. Morávamos relativamente perto de São Paulo, mas era um lugar retirado, uma mata nativa maravilhosa, com estrada de terra. Foi uma época ótima, meus filhos moraram uma parte comigo, uma parte com o pai deles. Mas teve um momento em que tive vontade de encerrar essa fase rural. Meu companheiro envelheceu mais rápido do que eu, e acabamos nos separando."

Um revés da vida fez com que Sonia decidisse se mudar definitivamente para São Paulo. Seu filho, João, sofreu um acidente e ficou tetraplégico. Ela precisava estar perto dele e apoiá-lo naquela nova etapa de reestruturação física e psicológica. Para sustentar esse recomeço de vida, outras atividades profissionais vieram com todo o vapor. Uma delas foi ser cuidadora de idosos. Ela começou como acompanhante de uma senhora judia, mas acabou por cuidar também do esposo dela, que sofria da doença de Alzheimer.

Pouco depois, Sonia se tornou a "a dona do canil" ao se aventurar pelo mundo animal, criando raças como fila brasileiro, dobermann e rottweiler. A procura foi tão grande que ela chegou a exportar filas para a Alemanha. Mas a empreitada que a marcaria, por quase uma década, seria a de trabalhar em um box no Mercado Municipal de Pinheiros, o que lhe valeria a alcunha de "a mulher do frango".

Foi aos 63 anos que Sonia reconstruiu sua vida profissional com o comércio de aves. Nunca se deixou guiar por restrições de idade impostas pela sociedade. Ela precisava sobreviver e viu uma oportunidade excelente de se encaixar, novamente, no mercado de trabalho. Em comemoração ao fato de se tornar uma sexagenária, ela fez a sua primeira tatuagem: uma borboleta em busca do néctar das flores. Pouco tempo depois fez outra *tattoo*, dessa vez uma meia-lua. Foi então que uma constelação de novas oportunidades se abriu diante do seu caminho, como as estrelas que acompanhavam a tatuagem recém-feita.

A iniciativa de abrir um negócio partiu do seu genro, que comprou o box no Mercadão e pediu a ajuda da sogra para tomar conta do negócio. Sonia se recordou de que, quando compraram o espaço, existia apenas um vão cheio de tralha e que, com o tempo, ela conseguiu transformar aquilo tudo em algo muito bom, montando um frigorífico. Para isso, teve a ajuda de um profissional dedicado, que a orientou melhor sobre os detalhes daquela profissão. "Tive a sorte de ter um funcionário incrível, que é meu amigo até hoje. Ele entendia de aves e foi como um professor para mim. Não ganhei dinheiro, não, porque o Mercadão, naquela época, estava decadente, então, eu entregava mais do que atendia no balcão. Fazia muito contato com rotisseries, virei uma entregadora mesmo. Tinha um Ford Ka antigo, enchia de aves e saía entregando por toda a cidade. Certa vez, fui fazer uma entrega de Natal na avenida Faria Lima, um prédio chiquérrimo, e aquele carro abarrotado de perus. Foi engraçado."

Sonia foi uma mulher de muitas atividades, que nunca se esquivou de reinventar-se e conhecer outros mundos. Aos 80 anos, ela inovou mais uma vez ao se emaranhar no mundo digital do YouTube. Foi uma intensa descoberta sobre um lugar dinâmico, on-line e, por que não dizer, terapêutico. A mesa do boteco, sempre tão frequentada por ela e pelas amigas, foi levada literalmente para o canal, que faz sucesso com diversas faixas etárias. São fenômenos digitais que se fortaleceram com a força e a criatividade que lhes são marcas registradas.

"Somos diferentes, e é justamente isso o que dá graça ao programa. No começo foi quase uma brincadeira, imitando o que fazíamos nos botecos da vida, e eu achava curioso fazer aquilo. Mas não esperava que tivéssemos esse sucesso e essa repercussão toda. Foi só depois que vencemos o primeiro lugar do concurso Creators Pitch, promovido pelo YOUPIX, que percebi que o negócio estava ficando sério. Eu me empolguei ainda mais, e a minha família ficou muito entusiasmada também. A gente troca figurinha toda hora."

O entrosamento é gigante, mas, ao mesmo tempo, elas têm personalidades totalmente diferentes. Sonia e Helena ficaram amigas muito jovens e lembram, com muito humor, os fins de tarde na praia, em viagem junto aos respectivos maridos. É uma amizade longa, sincera e sem pudor. Apesar disso, elas já ficaram brigadas por décadas, refazendo o vínculo quando já estavam bem mais velhas. Sonia admira a amiga pela alegria e inteligência, diz que Helena é muito antenada. Já a amizade com Gilda aconteceu por intermédio da própria Helena. É uma relação que foi crescendo de forma muito profunda; Gilda é descrita pela amiga como uma companhia deliciosa e boa para se desanuviar.

Sonia tem prazer em estar viva e não se enquadra em nenhuma caixa dos estereótipos criados pela sociedade.

Gosta de viver os dias com leveza e bom humor, extraindo o melhor de cada experiência. Não existe idealização para ela, porque os altos e baixos da vida devem ser encarados com naturalidade, fazem parte, como ela diz. Seu jeito realista a coloca lado a lado com a natureza: nascer, florescer e morrer – sem neura.

"A vida é um caminho que você trilha com momentos bons e momentos ruins, mas temos que ir perseverando, aprendendo a lidar com as dificuldades. Não tenho religião, sou ateia e acho que a vida é tudo o que temos. Se tivesse que escolher um deus, escolheria a natureza, ela é a força do mundo. É por causa dela que estamos aqui. Passei por perrengues, no entanto, sou otimista, nunca perdi o bom humor. Tento jogar fora todos os meus preconceitos e analisar tudo de novo. Sou teimosa, às vezes rancorosa, e tenho um lado bruxo também. Mas procuro não aborrecer ninguém e ser ética sempre. Na maioria das vezes, me dou muito bem comigo mesma."

Gilda

Gilda Zammataro Bandeira de Mello nasceu no dia 14 de fevereiro de 1942, na maternidade São Paulo, filha de Salvador Lemme Zammataro e Violeta Alario Zammataro. Seus avós, tanto maternos quanto paternos, eram italianos e imigraram para o Brasil no começo do século XX, constituindo família e estabelecendo-se, ao longo de algumas décadas, na elegante e espaçosa avenida Paulista.

O avô paterno, Caetano Zammataro, era siciliano e veio ao Brasil fugindo dos conflitos da Primeira Guerra Ítalo--Etíope, durante a invasão italiana na Etiópia. Diz a lenda familiar que, ao imigrar para o Novo Mundo, ele ganhava a vida capinando terras na avenida Paulista e, certa vez, teria dito em alto e bom som: "Um dia terei uma casa aqui". Dito e feito: Caetano tornou-se dono de uma olaria em Guarulhos e comprou uma bela residência entre as ruas Frei Caneca e Augusta.

Foi ali que ele constituiu família junto de Josefina Lemme Zammataro, uma modista de origem napolitana e gosto refinado. Desse matrimônio, nasceram oito rebentos. O mais velho era Salvador, pai de Gilda. Como muitos jovens de sua época, ele iniciou a vida profissional junto ao pai, trabalhando como comerciante na olaria. Era um homem discreto, sisudo, mas muito amável com os familiares. Logo, a sua vida se transformaria ao conhecer a doce Violeta Alario.

Ela era uma jovem bonita e elegante. Na adolescência, era tida como uma remanescente da *belle époque*, porque levava uma vida cercada do bom e do melhor, descendendo de uma família italiana abastada. No entanto, Violeta era politizada e consciente das limitações sociais da mulher. Foi uma feminista moderada, mas desejosa de alcançar uma maior igualdade de gênero, sentimento que veio à tona quando se tornou uma das primeiras mulheres a votar, assim que o voto feminino foi incorporado à Constituição brasileira de 1934.

Os pais de Violeta, Braz e Rosina Alario, eram calabreses nascidos na região de Praia a Mare e imigraram para o Brasil no começo do século XX. Logo comprariam um terreno na avenida Paulista, que foi vendido justamente por Caetano Zammataro. Bom, foi assim que os seus filhos tiveram a oportunidade de encontrarem-se nas esquinas da vida e não demorou muito tempo para que selassem os votos do casamento, ocorrido em 1932, em plena Revolução Constitucionalista.

Dessa união, nasceram Caetano, Dino e Gilda. A infância dessas três crianças foi muito alegre e divertida. Família italiana, geralmente, tem uma esfuziante alegria e fraternidade. Não era diferente com a prole dos Zammataro Alario. Gilda se recorda das brincadeiras junto aos primos, como amarelinha e esconde-esconde, no casarão dos avós. Lembra, com entusiasmo, que ficava impressionada com as seis belas folhas do espelho que a vovó Josefina mantinha em sua antessala. O brilho da luz dos candelabros refletido nos cristais fascinava a sua imaginação.

Foi uma infância cheia de festas e carinho. Como filha mais nova, ela gozou de uns bons paparicos dos parentes e dos próprios irmãos. Caetano e Dino cuidavam muito da irmãzinha e a levavam para tudo o que era canto. Caetano se interessou, ainda muito jovem, por música, que seria a sua grande paixão mundo afora. É claro que a menina dos belos olhos azuis cresceu muito ligada a esse mundo musical, tendo a oportunidade de vivenciar transformações culturais que marcariam a história da música popular brasileira.

A preocupação com os seus estudos foi constante. Ela fez o ensino fundamental no tradicional colégio Elvira Brandão, localizado na alameda Jaú, depois estudou no colégio de freiras Santa Doroteia, na Aclimação. Além disso, teve uma rápida passagem pelo Sacré-Coeur de Marie, na avenida Nove de Julho. Pensou em cursar Letras, mas sofreu um desastre de carro e teve que submeter-se a uma cirurgia no nariz. O ingresso na universidade foi protelado e acabou não ocorrendo.

Caetano Zamma, seu irmão, compôs diversas canções e acabou por formar um círculo de amizade com os jovens artistas da então recém-nascida bossa nova. O grupo era formado por João Gilberto, Edu Lobo, Carlos Lyra, os irmãos Castro-Neves, Tom Jobim, Vinicius de Moraes e muitos outros. O local escolhido para abrigar essa plêiade recheada de inovação e sensibilidade era o casarão da família na alameda Joaquim Eugênio de Lima, 133, onde o piano era o charmoso e concorrido anfitrião.

Pouco depois, ele assumiu a trilha sonora do espetáculo *A semente*, de Gianfrancesco Guarnieri, encenado no Teatro Brasileiro de Comédia (TBC), em 1961, dirigido por Flávio Rangel. O elenco era formado por estrelas da época, como Cleyde Yáconis, Nathalia Timberg, Stenio Garcia e Leonardo Villar. Após a peça, Caetano fez história ao apresentar-se em um concerto icônico da bossa nova no Carnegie Hall, em Nova York. Ele compôs para a Varig o jingle de Natal "Estrela brasileira", que ficou muito famoso na aviação por décadas a fio, e foi produtor musical da lendária TV Excelsior.

Gilda acompanhou tudo isso de perto, o que acabou por despertar nela a vontade de ser artista. Cogitou ser bailarina ou cantora, mas o pai freou as suas aspirações, porque, para ele, bastava um artista na família. A profissão não era bem-vista pela sociedade. O homem, por vezes, era tachado como malandro; a mulher, como prostituta. A vida boêmia não agradava às famílias quatrocentonas. Todavia, ela tentou expressar essa veia artística em outros campos.

Por volta dos 18 anos, Gilda terminou um curso de secretariado, almejando uma vaga profissional no mercado de trabalho. Essa tentativa era também uma forma de alcançar maior independência e poder viver experiências artísticas, que logo chegariam à sua vida por meio dos trabalhos artesanais aos quais dedicou-se, contratando uma professora de pintura em porcelana: "Era uma mulher maravilhosa, chamada Ana Mazzanof, uma artista fantástica, de origem búlgara, que havia feito faculdade de belas-artes. Aprendi quase tudo de artesanato com ela. Peguei gosto e não parei nunca mais".

Além do artesanato e da experiência com pintura, Gilda conheceu cedo a arte do amor. O coração disparou com o primeiro beijo, ainda tão pueril. Mas logo bateria ainda mais forte com a primeira paixão. O escolhido foi Iberê Bandeira de Mello, futuro advogado de renome no cenário paulistano.

Eles se conheceram em 1957, na cidade de Santos, litoral paulista. E o encontro não poderia ter sido em um ambiente mais emblemático: a residência da famosa escritora e feminista Patrícia Galvão, mais conhecida como Pagu. "Eu o conheci na casa da Pagu, em Santos, porque ele e o Plínio Marcos ensaiavam teatro com ela. A casa era na divisa entre São Vicente e Santos. Teve uma festa lá e fui junto com umas amigas. Pagu tomava muito gim. Lembro que um amigo disse assim: 'Nossa... ela bebe de balde'. Iberê e eu estabelecemos, ali mesmo, uma paquera, logo marcamos um encontro na praia e foi assim que começamos a namorar."

O namoro duraria nove longos anos cheios de momentos bons, mas também com alguns períodos de afastamento. E foi justamente em um desses distanciamentos, quando se percebeu com uma daquelas sensações de não saber direito o que se quer, que o coração dela aprontou charadas inexplicáveis. No aconchego da sua própria casa, Gilda conheceu um grande amor: o músico Oscar Castro-Neves. "Eu tinha que namorar escondido. Foi uma época bonita da minha vida, Oscar era um músico fantástico. Ficava hospedado na minha casa e a gente aproveitava um pouco para namorar. Nós nos apaixonamos."

Era uma situação delicada, porque ainda havia o namoro com Iberê; mesmo afastados, não havia acontecido um desligamento total entre eles. Porém, a paixão avassaladora que sentiu por Oscar mexeu por completo com os seus instintos. No fundo, o seu ideal era casar-se com aquele homem que a fascinava pelo jeito apaixonante que demonstrava em cada atitude. Além disso, havia a magia das canções; essa profunda imersão musical também fazia parte da sua alma.

Um belo dia, Gilda foi surpreendida pelo nascimento de um dos frutos mais importantes daquele amor: a canção "Onde está você". Ela era a razão daquele amor, daquela procura pelo olhar de quem se ama. Assim que terminou de escrever a canção, Oscar mostrou os versos para sua amada e a tocou no famoso piano de cauda da casa. Para completar, teve um gesto ainda maior, confirmando assim a importância daquele sentimento: uma demonstração pública em uma noite de gala no Teatro Paramount, hoje Teatro Renault, localizado na avenida Brigadeiro Luís Antônio. "O Paramount era um teatro à moda antiga, com frisas, era considerado o templo da bossa nova. O Walter Silva produzia muitos shows lá, era muito concorrido, filas que davam volta no quarteirão. Um dia, estávamos na frisa, sentados e, de repente, aparece a Alaíde Costa cantando 'Onde está você'. Walter colocou os refletores em cima de mim, e foi um sucesso. Meu pai ficava olhando de banda, desconfiado. Foi um dos momentos mais lindos da minha vida", lembra.

A voz doce e suave de Alaíde Costa realçou ainda mais aquele momento poético. Como não se derreter de paixão pelo homem que era capaz de traduzir o sentimento mais profundo que alguém pode sentir pelo outro em versos delicados e envolventes? Oscar depositou o sopro daquela procura incessante e quase proibida em uma melodia capaz de jogar luz a um amor entrelaçado pela ternura dos gestos. Além daquela canção, ele compôs mais duas letras para a sua eterna namorada: "Morrer de amor" e "Azul triste".

Todavia, aquela sensação de plenitude era perturbada constantemente pela pressão patriarcal. Seu Salvador não aprovava o romance da filha com um homem desquitado. Ele dizia que Gilda não poderia se casar legalmente, já que o casamento era, constitucionalmente, indissolúvel. Existia a separação de corpos e de bens, mas o vínculo matrimonial não se dissolvia. Sendo assim, os filhos daquela união seriam considerados ilegítimos perante a lei. Era um verdadeiro drama emocional para quem não tinha a liberdade de reconstruir o matrimônio.

Gilda e Oscar ainda teriam alguns momentos românticos até selarem o ponto-final do relacionamento. Um dia foram ao cinema, ficaram com as mãos dadas, meio escondidos no escurinho, e assistiram ao filme *Os guarda-chuvas do amor*, com Catherine Deneuve, que os marcaria para sempre. A película falava sobre amores perdidos, e os dois namorados nunca a esqueceram. Outro local que abrigava o amor impossível desses dois era o restaurante Ouro Velho.

"Meus pais quase não me deixavam sair sozinha, mas, às vezes, eu conseguia escapar e ir ao centro da cidade. Ali perto do largo São Francisco, existia um restaurante muito bonito, que ficava em um porão, era muito chique, pequenininho, quase um bistrô. E nesse local a gente aproveitava para namorar um pouco, conversar, dar uns beijos. Foi ali que Oscar escreveu uma melodia chamada 'Omelete de queijo', que era o que sempre comíamos. Em algum lugar, ainda deve existir essa música, inédita, acredito eu. Outro código que tínhamos era um anel com as minhas iniciais. Quando Oscar se apresentava na televisão, ele sempre beijava o anel como uma forma de expressar o sentimento por mim. Foram momentos lindos."

Apesar do grande amor que os envolvia, a pressão patriarcal foi muito forte, e Gilda não foi capaz de se desvencilhar do jugo paterno. Ela não conseguia conviver com o sentimento de decepção que causaria no pai caso seguisse adiante com aquele amor proibido. A despedida dos pombinhos pareceu cena de Hollywood, os dois chorando no saguão do Aeroporto de Congonhas quando Oscar deixou São Paulo, já selando o término da paixão.

"Meu pai me disse que eu tinha um ex-namorado e que namorar um rapaz desquitado não seria bom, eu nem ao menos poderia me casar legalmente. Ainda namorei o Oscar um bom tempo, fui aos Estados Unidos, na casa do meu irmão, para ver se me decidia. Porém, quando voltei de viagem, não aguentei a pressão, eram outros tempos. Hoje, é até difícil de entender. Eu era muito menina e fiquei abalada com aquilo, não queria magoar o meu pai também, o amava de paixão. O Oscar foi embora do Brasil, me ligava no meu aniversário, eu no dele, foi um amor que não passou. A gente se falava sempre. Foi o meu grande amor. Era tanta afinidade, ele era tão gentil. Às vezes, penso: *Deveria ter falado que iria me casar e pronto.*"

Contudo, mesmo ao se lembrar do imenso carinho que nutria por ele, ela afirma que a sua escolha de ficar no Brasil e constituir uma família aos moldes antigos também a fez feliz. Gilda se casou com Iberê em 1966, e formou uma bela família. Ao recordar a vida conjugal, ressaltou o humor que os unia, além do fato de Iberê ser um homem muito sedutor. Havia entre os dois uma cumplicidade que resultou em muitos anos de casamento. "Iberê nasceu em uma aldeia de índios, era um homem muito bem-humorado, foi um pai fantástico, além de ser um advogado brilhante. Nós crescemos juntos nessa batalha de ditadura, foram anos difíceis, mas a minha casa continuava sendo uma festa. Recebíamos os novos baianos: Caetano Veloso, Gilberto Gil. Inclusive, o Iberê foi advogado da Gal Costa por um tempo. Enfim, foi um casamento muito bom. A gente ama de formas diferentes, tem o amor-paixão, que treme o joelho, e tem também o amor-segurança, que te dá uma estabilidade."

Iberê e Gilda viveram um bom tempo sobressaltados pela repressão imposta pela ditadura militar, instaurada no país a partir de 1964. A liberdade de expressão era tolhida sempre que possível, e a arma escolhida para combatê-la era a violência. Iberê tinha códigos com a esposa para falarem ao telefone. Combinava com o motorista que o levava ao DOI-Codi, órgão subordinado ao Exército, quando transportava algum cliente, que, se demorasse um tempo maior do que o combinado, seria necessário avisar outros advogados amigos, a família e quem mais pudesse ajudá-lo, já que poderia estar em maus lençóis.

Houve até uma fuga no meio da noite, em pleno Réveillon, porque a casa do casal estava sendo cercada por alguns indivíduos. Gilda, com o filho Rogério no colo, doente de catapora, teve que ter muita agilidade para levar a família a um hotel e lá instalarem-se até a poeira baixar. Foram tempos difíceis, com noites angustiantes, mas a família era movida pela união.

O casamento dos dois deu frutos importantíssimos para Gilda: os filhos Iberê e Rogério. Ela desejou muito essas crianças, que são os grandes presentes de sua vida, conforme frisa sempre. Uma mãe presente e cuidadosa, voltada sempre para os meninos, criou as crianças com amor e dedicação. Nunca proibiu as coisas sem explicações. Em vez disso, preocupava-se em esclarecer as aflições de cada período do crescimento deles e puxava o freio sempre que se fizesse necessário.

Como avó, ela também se refastelou diante da alegria de brincar com os netos e, ao longo do crescimento deles, de ser tratada de igual para igual. Quando um dos netos a chamou de "mano", foi repreendido pelo pai, achando que aquela palavra não era forma de tratar a avó, porém foi absolvido pela própria Gilda, que sentenciou: "Deixa ele, é a forma dele de se expressar, quero estar próxima do meu neto, porra". Ao todo, Gilda tem três netos: Julia, Pedro e Miguel. É uma avó babona e ama estar junto deles.

Todo casamento exige uma troca muito grande de sentimentos, muita paciência, respeito e afeto. Porém, nem sempre há equilíbrio entre esses fatores e, quando o relacionamento vai se deteriorando, a separação é um caminho inevitável. Depois de dezoito anos de matrimônio, a relação entre Gilda e Iberê se desgastou e a separação foi necessária. Todavia, a amizade perdurou para sempre.

Naquela altura, Gilda, já com 40 e poucos anos, também desejava conquistar uma independência econômica que ainda não havia conseguido. Foi assim que se matriculou em cursos livres de cenário e figurino promovidos pela Universidade de São Paulo (USP), onde foi aluna de Clóvis Garcia e Campello Neto, e acabou por descobrir uma força libertadora que motivou as suas próximas décadas de vida.

Ela havia tido pouca experiência profissional antes do casamento, mas uma delas foi marcante para seu olhar reflexivo acerca da sociedade brasileira. E essa experiência foi vivida justamente com Paulo Freire, o patrono da educação no país. Foi uma experiência reveladora, porque ela pôde presenciar, em menos de dois meses, a alfabetização de um grupo de adultos. A partir disso, a pergunta que não saiu de sua cabeça era: por que o método Paulo Freire para acabar com o analfabetismo não era adotado em todo o Brasil?

"A Helena Pignatari, que era professora de história, estava arranjando um grupo de jovens para trabalharem com alfabetização de adultos em lugares distantes. Eu tinha 18 anos e dei aula para adultos, lá em Osasco, na vila Helena Maria. Era fantástico. No mundo inteiro o método é adotado. Em apenas um mês e meio, nós alfabetizamos uma sala de vinte e poucas pessoas, que trabalhavam o dia inteiro e ainda vinham ter aula à noite. Em um ano, eles fariam o primário inteirinho e, com três anos, estariam prontos para entrar na faculdade."

Ter essa vivência abriu-lhe os olhos para entender que muitos governantes não tinham interesse em tornar a sociedade mais preparada intelectualmente. A jovem Gilda já conseguia perceber as desigualdades sociais, não apenas as estruturais, mas também as intencionais. Os meandros da corrupção moral estavam explícitos em uma realidade que condenava milhões de pessoas ao afastamento de sua própria língua e, por consequência, ao livre pensamento.

Ainda casada, ela teve uma imersão importante de criação artística ao ilustrar a capa do livro *Barrela*, lançado pelo dramaturgo Plínio Marcos, em 1976. Ele foi amigo de infância de Iberê, em Santos, e eles conviveram durante todo o período do casamento, pois tinham filhos de idades próximas. A atriz Walderez de Barros, esposa de Plínio, naquela época também se tornou uma amiga muito querida. Alguns anos depois, o dramaturgo a convidou para trabalhar nos figurinos de sua peça *Jesus homem*, encenada no Teatro de Arte Israelita Brasileiro (Taib), em 1981. Gilda, então, começou a se inserir nesse mundo mágico dos tecidos e não parou mais.

Amiga do cenógrafo Campello Neto, recebeu muitas dicas profissionais que a enriqueceram como figurinista. A cereja do bolo foi uma temporada de seis meses na França, onde também fez cursos de figurino, modulando-se ainda mais nos saberes da moda. Outro curso que a enriqueceu como artista foi o de *trompe-l'oeil*, técnica utilizada em decoração e arquitetura que consiste em promover uma ilusão de ótica, geralmente em paredes, brincando com as perspectivas.

De volta ao Brasil, ela foi contratada pelo SBT, onde trabalhou durante vinte e três anos, participando da pesquisa histórica sobre a moda de cada época brasileira e até da confecção dos figurinos de novelas e demais produtos da emissora. Gilda enaltece o profissionalismo daquela casa e a felicidade de construir uma carreira sólida e instigante. Alguns dos seus trabalhos na emissora foram em *Jerônimo*, *Os ricos também choram*, *Pícara sonhadora*,

A praça é nossa, *Fala Dercy*, *Esmeralda* e *Programa do Gugu*. Ela tinha 42 anos quando iniciou esse trabalho, que foi a sua primeira atividade profissional com carteira assinada. Era um momento inspirador em sua trajetória.

Sobre trabalhar com a icônica Dercy Gonçalves no programa *Fala Dercy*, Gilda relembrou: "Gravei muito com a Dercy. Inclusive, viajamos para gravar um episódio em Santa Maria Madalena, que era a sua cidade natal. Fizemos uma festa junina, já que o aniversário dela também era em junho. Acho que como figurinista nunca vesti tanta gente na minha vida como naquela ocasião, vestimos a cidade inteira, até mesmo o prefeito. O bom é que ela cismou que só eu ia entender o que ela falava, então nos demos muito bem, foi bem bacana. Nós nos divertimos muito. Dercy era uma pessoa que sabia muito bem o que queria. Uma mulher avançada para a época em que viveu".

O coração também teve intensas emoções depois da separação. Passado pouco tempo, Gilda começou um namoro com o ator Benê Silva. Eles haviam trabalhado na peça *Jesus homem*, e o relacionamento durou quase três anos. Foi ele que incutiu nela a possibilidade de se matricular como ouvinte nos cursos de cenário e figurino promovidos pela USP. Além desse relacionamento mais duradouro, houve também aqueles passageiros, mas não menos excitantes.

Durante uma excursão pela Europa, em 1989, no ano do bicentenário da Revolução Francesa, Gilda fez uma viagem de Roma para Paris. Ela estava acompanhada pela mãe, dona Violeta, por uma sobrinha e primas. Durante esse voo, teve uma surpresa empolgante quando um dos comissários de bordo a paquerou sem rodeios.

A imaginação dela voou. "Ele era uma coisa de louco, alto, loiro, lembro que minha prima e eu entramos no avião, colocamos a bagagem e nos sentamos. Na porta da aeronave, ele já tinha dado uma olhada, mas, de repente, quando eu estava sentada, perguntou se eu queria mudar de lugar para ficar mais confortável e me convidou para tomar um cappuccino na 'cozinha'. Quase que eu falei: 'Com você, até na asa'. Era um bem de Deus, sabe? Trocamos telefone e os dias passaram. Para minha surpresa, ele me ligou, me convidando para tomar um café em Roma, para onde havia voltado. Conclusão, inventei uma história maluca para a minha mãe e voltei para Roma só para passar a noite com o boy. Mas valeu a pena, viu."

Os anos passaram, alguns homens também, até que, já na década de 1990, ela conheceu um grande amigo, Ronaldo, que faria parte de sua vida pelas décadas seguintes. Era um músico talentoso e uma pessoa muito amável, um papo bacana daqueles que faz o tempo passar sem a gente perceber. Com os anos, a amizade evoluiu para um romance, depois voltou a ser amizade e assim segue se intercalando até os dias de hoje. É um misto de sentimentos que faz com que Ronaldo ainda seja o seu *crush*.

Depois da saída do SBT, com 68 anos, Gilda se viu desafiada a recomeçar no mercado de trabalho e montou uma cozinha industrial junto de alguns amigos. O empreendimento fracassou, mas, foi importante em sua busca por estar inserida em alguma atividade que a fizesse sentir-se ativa. Os desafios foram sempre muito bem aceitos, pois ela é uma mulher determinada a quebrar barreiras.

Em 2018, a sua vida daria uma nova e inimaginável guinada quando a amiga Cássia Camargo teve a ideia de criar o canal do YouTube. Foi naquele momento que uma chama de vitalidade resplandeceu em seu coração. Gilda se descobriu ainda mais corajosa e com vontade de mostrar que o velho tem muito a contribuir.

"Nós somos completamente diferentes. Helena é bem descolada, alegre, sempre tem uma história para contar, porque esteve muito ligada a uma nata inteligente da cidade de São Paulo. Já Sonia é uma gueixa, tem muita delicadeza e é aquela pessoa que quando viaja traz sempre um presentinho. É uma mulher de personalidade forte, positiva, é um contraponto entre nós três, porque Helena e eu falamos sem parar. O interessante é que cada uma de nós tem um tipo diferente de humor. Sonia é mais sarcástica, Helena já é mais debochada, e eu sempre fui do fundão da classe."

Foi assim, sendo dona de uma espontaneidade genuína, que Gilda chegou ao coração dos internautas. Suas opiniões são gostosas de ouvir, sempre entrelaçadas por algum episódio engraçado. Ela enxerga o passar do tempo com um romantismo saudável, as cores são intensas em seu jardim de emoções chamado existência. Dela, transpassa uma esperança de nunca desacreditar em um amanhã melhor, mais humano e mais bonito.

PARTE 4
Pingue-pongue com as Avós

Helena

Qual é o seu signo?
Leão.

Qual é a sua cor predileta?
Preto.

Qual é o seu cantor favorito?
Caetano Veloso.

Qual é a comida de que você mais gosta?
Arroz, feijão e ovo frito.

O que te inspira?
Uma música.

Com qual personagem você se identifica?
Com Dom Quixote.

Qual foi o grande sonho que já realizou?
Sair do interior e ir morar sozinha em São Paulo.

Qual sonho ainda quer realizar?
Ver o Brasil voltar a ser admirado, e não ridicularizado, como agora.

Um lugar inesquecível?
São Paulo.

Um lugar que quer conhecer?
Cuba.

Tem ou já teve algum apelido?
Tive alguns. O Clóvis Graciano me chamava de "ceguinha", o Carmélio Cruz, meu marido, me chamava de "pica-pau", por causa do meu nariz grande, e o Antunes Filho me chamava de "Helena fechou a porta", por causa de uma peça de teatro.

Qual é a sua maior qualidade?
A tolerância.

Qual é o seu maior defeito?
A intolerância.

Qual é o seu livro preferido?
Escravidão, de Laurentino Gomes.

Qual é o filme de que mais gosta?
Perfume de mulher, dirigido por Martin Brest.

O que o ser humano fez de mais inteligente no mundo?
A venda à prestação.

O que você odeia?
Acordar cedo.

O que é o melhor do Brasil?
O povo.

O que é o pior do Brasil?
O povo.

Qual é o melhor sentimento do mundo?
O amor.

Como foi o seu primeiro beijo?
Foi um beijo roubado, e me senti meio esquisita.

Qual é o seu maior medo?
Cair da escada.

O que te faz sentir frio na barriga?
Quando o telefone toca e não dá tempo de atender.

O que é o sexo para você?
Uma coisa muito agradável.

O que é a felicidade?
Estar reunida com os amigos.

Qual foi a maior mentira que já contou?
Não sou de mentir muito. Mas, quando não estou a fim de ir a algum encontro na casa de uma amiga, invento que tem alguém em casa.

Quem é uma mulher que você admira? Por quê?
Angela Merkel, porque a Alemanha nunca teve um chanceler com tão boas qualidades.

O que é o delírio?
Delírio é chegar na padaria e o pão estar mais caro.

Uma fantasia sexual?
Minha fantasia foi ter uma transa com o ator Leonardo Villar.

Qual a sua bebida preferida?
Qualquer coisa líquida é boa. Cerveja, vinho, café, água de coco, até de leite eu gosto.

Uma frase que você não esquece?
Amanhã é outro dia!

Você por você mesma: quem é Helena Wiechmann?
Sou uma mulher comum, não sou muito complicada, não. Mas acredito que sou bem corajosa, porque já enfrentei muitos moinhos de vento.

Sonia

Qual é o seu signo?
Capricórnio.

Qual é a sua cor predileta?
Azul.

Qual é o seu cantor favorito?
Caetano Veloso.

Qual é a comida de que você mais gosta?
Comida árabe.

O que te inspira?
Um livro que leio e me apaixono.

Com qual personagem você se identifica?
Com a Mafalda.

Qual foi o grande sonho que já realizou?
O grande sonho foi a minha libertação, e consegui realizá-lo.

Qual sonho ainda quer realizar?
Quero que esse novo *métier*, o nosso canal "Avós da Razão", dê muito certo. Capricho bastante para que isso aconteça.

Um lugar inesquecível?
O sul da Itália.

Um lugar que quer conhecer?
Quero conhecer a zona da mata do Nordeste.

Tem ou já teve algum apelido?
Já fui chamada de "boneca" e de "rãzinha", porque tinha a perna muito comprida.

Qual é a sua maior qualidade?
Os meus defeitos.

Qual é o seu maior defeito?
As minhas qualidades.

Qual é o seu livro preferido?
Grande sertão: veredas, de João Guimarães Rosa.

Qual é o filme de que mais gosta?
Ladrões de bicicleta, dirigido por Vittorio De Sica.

O que o ser humano fez de mais inteligente no mundo?
A roda.

O que você odeia?
Gente chata.

O que é o melhor do Brasil?
A natureza.

O que é o pior do Brasil?
A politicagem.

Qual é o melhor sentimento do mundo?
A empatia.

Como foi o seu primeiro beijo?
Foi em um quarto escuro soltando bombinhas.

Qual é o seu maior medo?
Que a minha família não esteja protegida.

O que te faz sentir frio na barriga?
O trânsito.

O que é o sexo para você?
Sexo, para mim, é amor com tesão.

O que é a felicidade?
É estar tranquila.

Qual foi a maior mentira que já contou?
Contei uma mentira de que tenho vergonha até hoje. Tinha uma filmagem de um comercial na praia, mas, na véspera, tomei um porre fantástico e, quando o carro chegou para me buscar, fingi que não estava em casa, não atendi à campainha.

Quem é uma mulher que você admira? Por quê?
Djamila Ribeiro, porque ela é uma ativista, uma batalhadora, uma mulher inteligente e que reverencia muito os parentes dela, mostrando sua origem com muito orgulho.

O que é o delírio?
É o LSD.

Uma fantasia sexual?
Realizei todas as minhas fantasias, mas a maior foi pôr os córneos no meu marido.

Qual a sua bebida preferida?
Cerveja.

Uma frase que você não esquece?
"Em algum lugar entre o certo e o errado existe um jardim. Te encontrarei lá", de Rumi.

Você por você mesma: quem é Sonia Massara?
Sou bastante impaciente, não tenho muita pena das pessoas, porque acho que sempre poderiam fazer melhor. Sou chata e, como costumo dizer, sou talhada na pedra.

Gilda

Qual é o seu signo?
Aquário.

Qual é a sua cor predileta?
Roxo.

Qual é o seu cantor favorito?
Elis Regina.

Qual é a comida de que você mais gosta?
Lasanha me leva à loucura.

O que te inspira?
Um dia bonito.

Com qual personagem você se identifica?
Com Francesca Johnson, interpretada pela Meryl Streep no filme *As pontes de Madison*. Aquela personagem tem muito de mim.

Qual foi o maior sonho que já realizou?
Trabalhar foi um sonho realizado.

Qual sonho ainda quer realizar?
Gostaria de viajar mais uma vez para Paris, tenho paixão por esse lugar.

Um lugar inesquecível?
Marrocos.

Um lugar que quer conhecer?
Islândia, para ver a aurora boreal.

Tem ou já teve algum apelido?
Nunca tive apelido.

Qual é a sua maior qualidade?
Sou generosa.

Qual é o seu maior defeito?
É ter pavio curto.

Qual é o seu livro preferido?
Todos os homens são mortais, de Simone de Beauvoir.

Qual é o filme de que mais gosta?
Don Juan DeMarco, dirigido por Jeremy Leven.

O que o ser humano fez de mais inteligente no mundo?
A eletricidade.

O que você odeia?
Preconceito.

O que é o melhor do Brasil?
A diversidade cultural.

O que é o pior do Brasil?
A corrupção.

Qual é o melhor sentimento do mundo?
O amor.

Como foi o seu primeiro beijo?
Foi hilário, tinha uns 12 anos, estava sentada no sofá junto com um namoradinho e, na nossa frente, tinha um quadro de Jesus Cristo. Achei que estava cometendo um grande pecado.

Qual é o seu maior medo?
Morrer.

O que te faz sentir frio na barriga?
Ter um novo amor.

O que é o sexo para você?
Tudo, adoro fazer.

O que é a felicidade?
Fazer sexo com amor.

Qual foi a maior mentira que já contou?
Uma mentira que contei para um namorado. Foi assim: estava em um voo da Air Maroc, voltando de Paris, e arrumei um paquera. Era comissário de bordo na companhia, um árabe incrível, adoro... Trocamos telefone, endereço, ele me mandava cartões, até o dia em que ele disse que estaria no Rio de Janeiro. Só que eu namorava um ator da novela na emissora em que também trabalhava. Deixei um casaco na minha cadeira e falei para uma amiga assim: "Diz que você acha que fui fazer uma produção no Rio". Quando voltei, disse ao namorado que fui, de última hora, para o aniversário de uma prima. Essa foi demais.

Quem é uma mulher que você admira? Por quê?
Cecília Meireles, gosto do que ela escreve, sempre tão profunda, sensível. Tive sempre uma admiração enorme por ela.

O que é o delírio?
É uma coisa que faz você sair de si.

Uma fantasia sexual?
Trepar com dois homens.

Qual a sua bebida preferida?
Champanhe.

Uma frase que você não esquece?
A medida de um amor é um amor sem medida.

Você por você mesma: quem é Gilda Bandeira de Mello?
Sou uma pessoa sistemática, não gosto que mexam nas minhas coisas, mas sou generosa, tenho um desapego. Eu me adoro, gosto de mim. É aquilo, às vezes, me olho no espelho e me acho uma bosta, mas, quando saio de casa, me acho maravilhosa. Sou muito vaidosa.

PARTE 5
Etarismo

Etarismo é o nome dado para a discriminação contra idosos e apresenta-se de diversas formas desde a exclusão nos ambientes de trabalho e ensino até os estereótipos de ridicularização e chacota. Junto do racismo e do sexismo, essa prática preconceituosa também apresenta números altos de ocorrências ao redor do mundo. Segundo o gerontologista americano Erdman Ballagh Palmore, o etarismo é o terceiro maior "ismo" identificado nas sociedades do mundo ocidental.

O velho, muitas vezes, é tratado como alguém incapaz, que inspira um cuidado excessivo e que já não tem total controle de suas faculdades mentais. O silenciamento da geração 60+ é algo constante e que causa prejuízos enormes à produção intelectual desse público.

Muitas pessoas têm a mania de achar que o outro está errado ao fugir do padrão. No entanto, aí consiste o grande erro delas, porque, quando alguém consegue romper as barreiras da limitação, tudo fica mais leve e potente. O poder de nossas vontades diante da vontade maior de superar obstáculos é de uma força sem limites. Se ainda existem comentários desagradáveis em relação ao velho, é preciso combatê-los.

"Tem umas coisas que me irritam. Em primeiro lugar, é irritante alguém achar que eu não sou capaz de fazer alguma coisa. Em segundo lugar, é muito chato alguém me tratar como um ser dependente. Para muitas pessoas, o velho é uma pessoa aposentada dentro do seu próprio aposento; em termos gerais, é assim que muita gente o considera. E, às vezes, o próprio velho se menospreza. Isso me deixa louca, por isso digo que é necessário sair da cristaleira", analisa Sonia.

Há também uma diferença em como o etarismo se apresenta para a mulher e para o homem em várias questões; uma delas é a vaidade. A mulher é muito mais cobrada pela aparência e recriminada por qualquer aspecto que a sociedade considere como descuido. Até no modo de sentar há estereótipos – "mulher não se senta de perna aberta!", dizem alguns. Ao homem, é permitida uma liberdade bem maior nas vestimentas e na estética.

Um exemplo bem curioso serve para se notar a diferença do preconceito de idade para o homem e a mulher: a imagem do velho passada pelas histórias infantis. Quando existe um homem velho nessas narrativas, ele é visto como um sábio, quase que como um profeta. Já a mulher velha é vista, muitas vezes, como a bruxa.

O etarismo sofre modulações dependendo da idade do velho. Há uma diferença entre os ataques praticados, por exemplo, contra o público com mais de 60 e contra aquele com mais de 80 anos. Por exemplo, quando uma pessoa chega aos 60 anos, ela já passa desvalorizada na questão da beleza e da sensualidade. É muito comum a mulher chegar nessa faixa etária e ouvir frases como "Nossa... você está com 55 anos, mas está ótima!". Esse "mas" é quase que uma sentença contra a velhice. Nós, enquanto sociedade, precisamos repensar que alguns gestos, frases e palavras só reforçam preconceitos. Do outro lado, quando uma pessoa chega aos 80 anos, ela é, muitas vezes, infantilizada, comparada com uma criança que não pode fazer mais nada sozinha, sem supervisão.

As Avós trazem a ideia de que o velho deve quebrar paradigmas: não é apenas o jovem que é capaz de inovar e mostrar novos olhares diante de temas sociais. As pessoas mais experientes também precisam provar que estão vivas, que produzem e raciocinam, buscando novas perspectivas diante da vida. Não se pode fechar as portas da imaginação e aderir ao senso comum, ao mais fácil ou ao mais cômodo. O incômodo, inclusive, é a grande mola propulsora para a mudança.

"Outro dia estava fazendo uma manobra com o carro e uma pessoa perguntou: 'A senhora consegue?'. Então perguntei a ele a data em que nasceu, ele falou 1980, aí respondi: 'Quando você nasceu, eu já dirigia há muito tempo'. E tem outra coisa, se a gente quiser ajuda, a gente pede. O velho não é coitado. Isso é preconceito. As pessoas acham que nós não sabemos mais fazer as coisas. Só que a gente sabe fazer tudo", conta Gilda.

Infelizmente, é muito comum colocar o velho no lugar de incapaz. Quantas vezes a seguinte frase se ouve na sociedade: "Você não tem mais idade para isso". Isso sem falar na infantilização, até mesmo com o abuso dos diminutivos nos típicos "vovozinhos", "bonitinhos", "engraçadinhos". Há exceções, claro, do uso de adjetivos no diminutivo sem a intenção de provocar essa ideia de vulnerabilidade, mas em geral o uso é pejorativo – e ofensivo.

É cansativo para quem está do outro lado da moeda ser colocado em caixas segmentadas e restritivas. Quando algo ou alguém é desacreditado, há uma perda de possibilidades criativas, uma inibição e, por vezes, um bloqueio. O etarismo se apresenta de diversas formas e disfarça-se em estereótipos e preconceitos. Uma colher de chá e pronto, ele se apresenta.

Helena é direta e sempre vai logo ao ponto: "O velho, muitas vezes, é tratado como coitadinho, como alguém que não sabe o que está acontecendo, é taxado de chato, de bobo, mas isso é preconceito, não é a verdade. Existe uma intolerância muito grande contra nós, como se velho fosse algo ultrapassado, e, quando a gente dá uma resposta atravessada, eles dizem: 'Poxa, ela existe'".

A invisibilidade do velho também se estende para o campo afetivo. Quando uma pessoa chega a certa idade, parece que a libido acaba, que não há mais tesão pelo outro. Achar que o velho não tem vida sexual é um grande equívoco, mesmo que os prazeres da carne possam parecer vinculados à juventude. O tesão nunca acaba. Pode até haver um bloqueio pessoal, de cunho psicológico, que faz com que o velho não se enxergue nessa posição, porém o desejo não deve ser reprimido. Se uma pessoa sente tesão por outra, independentemente da idade, deve vivenciar novas experiências.

Helena, aos 80 anos, arranjou um namorado. Ela estava viúva, não imaginava encontrar um outro companheiro com quem pudesse trocar experiências e viver novos sentimentos. Mas, como ela mesma diz: "Dos 80 aos 88, tive um relacionamento e funcionava direitinho". Então, a vida pode trazer inesperadas surpresas e aprendizados constantes. Não se pode fechar-se ao novo.

"O velho não pode ficar para trás em nada, tem que ir atrás da tecnologia, dos novos pensamentos, das novas ideias. Aquele que diz: 'Ah, no meu tempo' está muito equivocado, isso não existe. A gente não pode viver de lamúrias, de sentimentos do passado. O que passou já acabou, o meu tempo é já, acho que todo velho tem que se entrosar no tempo atual", declara Sonia.

O ato de reinventar-se é um dos grandes aliados da geração com mais de 60, pois, quando há a possibilidade de aprender algo novo, de permitir-se viver sensações diferentes, a pessoa pode ganhar outras perspectivas sobre si, além, é claro, de servir de exemplo para outras que precisam desse impulso para conquistar novos horizontes.

Gilda soube de um acontecimento que a encantou: "Uma vez vi a história de uma mulher mais velha que alugava óculos e protetor solar na praia. Então, ela reinventou o envelhecimento dela. Procuro fazer da minha vida uma vida mais feliz. Tiro algo bom das coisas ruins que poderiam me entristecer. Gosto da minha família, dos parentes, amigos, mas também gosto de pensar em outras coisas. Tenho uma velhice feliz. A gente não nasceu sabendo nada, então, se não sabe, por exemplo, mexer com tecnologia, não tem problema, vai lá e aprende".

O Estatuto do Idoso, estabelecido em 2003, garantiu alguns direitos para esse público do ponto de vista jurídico. Afinal de contas, com o aumento praticamente anual da população idosa, é mais do que necessário redesenhar o universo da sociedade, uma vez que os direitos dos idosos precisam ser garantidos. As boas condições de vida, saúde, cidadania, educação, lazer, entre tantas outras precisam ser asseguradas.

Contudo, ainda há muitos avanços para que se possa quebrar as barreiras do preconceito e conceder melhores condições de vida para o público com mais de 60 anos. "Olha, no Brasil, não existe política efetiva para nada, não tem política de saúde, de educação, das diferenças sociais, então, o velho também não vai ter uma política efetiva. Acho que a parte familiar é muito importante, a família ter respeito e consciência é o mínimo que se pode fazer. E tem algo muito importante também: a melhor coisa que existe é deixar o velho em paz, não deixe ele ser dependente, isso não faz bem nem para ele, nem para a família", destacou Sonia.

A dependência que o idoso por vezes apresenta é oriunda de anos de falta de liberdade e autoestima. Quantas vezes o velho é colocado, popularmente, como alguém que é chato ou que dá trabalho? Quantas vezes o velho é subestimado em sua capacidade de se virar sozinho, de tomar conta da sua própria vida? É claro que o envelhecimento pode trazer dificuldades, como dores que antes não existiam, problemas de saúde que atrapalham o bem-estar de todo dia, o que pode afetar a questão da independência. Porém, existem diversas oportunidades de mudar o caminho das pedras e encontrar uma boa brisa para refrescar a caminhada.

"Não vou dizer que é uma delícia ser velho. Todavia, dentro desse espectro da velhice, estou muito bem. A saúde está boa, um ou outro probleminha aparece, mas a gente melhora. A minha velhice está sendo muito boa, porém sou uma pessoa privilegiada, posso me cuidar, me alimentar etc. Então, não vou dizer que para todos a velhice é boa. Tenho amigas que sofrem com as mazelas da idade. Mas temos que procurar mecanismos para estarmos melhor. Não podemos ter azedume. A gente gostaria que houvesse uma estrutura organizacional que apoiasse os velhos. Mas, no Brasil, isso é quase que um sonho. Só que há algo simples, algo que deve ser praticado em casa, que é ensinar que não devemos limitar o velho", disse Gilda.

A família pode ser uma boa base de equilíbrio e força para os mais velhos. Apoiá-los no que toca a independência deles é de extrema importância. Quanto mais se sentirem seguros para procurarem as atividades que os preencham, mais felizes e saudáveis estarão. Haverá situações em que o idoso necessitará de cuidados específicos e até de "supervisão" por parte da família. Isso também faz parte.

Sendo assim, receber apoio será essencial, mas, quando o idoso está saudável, independente, forte, não há motivos para uma exacerbação de cuidados. "Eu olho no espelho e vejo que sou velha. Só que a minha vida continua igual, cuido das minhas coisas e sou feliz assim. Uma vez, ouvi na padaria uma menina dizendo assim: 'Esses velhos chatos'. Virei para ela e respondi: 'Eu ouvi o que disse, tomara que você nunca fique velha'. Espero que ela tenha entendido a mensagem (risos). Ser velho é uma vitória, você conseguiu viver todo esse tempo e ainda está funcionando. Não sofro com os impactos do tempo; na verdade, nem percebi que o tempo passou tão rápido. Poxa, com 90 anos arrumei um emprego e estou trabalhando. Sou o maior fenômeno da sociedade ocidental", contou Helena.

A vida nem sempre será um mar calmo e aprazível. Haverá momentos em que as tempestades bagunçarão a existência de tal forma que o chão parecerá ter sido retirado da superfície. Porém, a cada manhã, quando os olhos se abrem diante do sol, um brilho de luz adentra na alma como uma esperança de que algo novo e melhor poderá acontecer. Viver exige esperança, exige entrega e amor. Ame-se jovem, ame-se velho, ame estar vivo.

Referências

BEAUVOIR, Simone. **O segundo sexo**. Rio de Janeiro: Nova Fronteira, 2012.

CASTRO, Ruy. **Chega de saudade**. São Paulo: Companhia das Letras, 2016.

EVARISTO, Conceição. **Insubmissas lágrimas de mulheres**. Rio de Janeiro: Malê, 2016.

GOLDENBERG, Mirian. **A invenção de uma bela velhice. Projetos de vida e a busca da felicidade**. Rio de Janeiro: Record, 2020.

NÚMERO de idosos em universidades subiu quase 50% entre 2015 e 2019 no Brasil. Associação Nacional das Universidades Particulares, 13 out. 2021. Disponível em: https://anup.org.br/noticias/numero-de-idosos-em-universidades-subiu-quase-50-entre-2015-e-2019-no-brasil/. Acesso em: 27 ago. 2022

ORGANIZAÇÃO das Nações Unidas. **Envelhecimento**. Centro Regional de Informação para a Europa Ocidental. Disponível em: https://unric.org/pt/envelhecimento/. Acesso em: 27 ago. 2022

PALMORE, Erdman Ballagh. **Ageism: Negative and Positive**. Nova York: Springer Publishing Company, 1999.

REIS, Léa Maria Aarão. **Novos velhos, viver e envelhecer bem**. Rio de Janeiro: Record, 2012.

RIBEIRO, Djamila. **Lugar de fala**. São Paulo: Jandaíra, 2019.

SCHWARCZ, L. M; STARLING, H. M. **Brasil: uma biografia – com novo pós-escrito**. São Paulo: Companhia das Letras, 2015.

TABELA 6407 – População residente, por sexo e grupos de idade. Grupo de Idade Total. IBGE. Disponível em: https://sidra.ibge.gov.br/tabela/6407#resultado. Acesso em: 27 ago. 2022.

TABELA 6407 – População residente, por sexo e grupos de idade. Grupo de Idade 60 anos ou mais. IBGE. Disponível em: https://sidra.ibge.gov.br/tabela/6407#resultado. Acesso em: 27 ago. 2022

Músicas citadas nesta obra

Fim de caso. Interpretada por: Dolores Duran. Composta por: Dolores Duran. Fonte: EMI.

Pra não dizer que não falei das flores (Caminhando). Interpretada por: Geraldo Vandré. Composta por: Geraldo Vandré. Fonte: Som Maior.

Nature Boy. Interpretada por: Nat King Cole. Composta por: Eden Ahbez. Fonte: Capitol Records.

São Francisco. Interpretada por: Silvio Caldas. Composta por: Vinicius de Moraes e Paulo Soledade. Fonte: Columbia.

Love Letters. Interpretada por: Nat King Cole. Composta por: Edward Heyman e Victor Young. Fonte: Capitol Records.

Coração materno. Interpretada por: Vicente Celestino. Composta por: Vicente Celestino. Fonte: RCA Records Label.

Eu só quero um xodó. Interpretada por: Gilberto Gil. Composta por: Dominguinhos e Anastácia.

Rosa morena. Interpretada por: João Gilberto. Composta por: Dorival Caymmi. Fonte: Universal Digital Enterprises.

Fascinação. Interpretada por: Elis Regina. Composta por: F. D. Marchetti e M. De Feraudy. Fonte: Universal Music Ltda.

Onde está você. Interpretada por: Oscar Castro-Neves e Paul Winter Consort. Composta por: Oscar Castro-Neves e Luvercy Fiorini. Fonte: Living Music.

Jura. Interpretada por: Zeca Pagodinho. Composta por: Sinhô. Fonte: Universal Music Ltda.

Moda da pinga (Marvada pinga). Interpretada por: Inezita Barroso. Composta por: Ochelsis Laureano e Raul Torres. Fonte: EMI Music.

Lampião de gás. Interpretada por: Inezita Barroso. Composta por: Zica Bérgami. Fonte: Copacabana.

Ronda. Interpretada por: Inezita Barroso. Composta por: Paulo Vanzolini. Fonte: Golden Century Music.

Onde está você. Interpretada por: Alaíde Costa. Composta por: Oscar Castro-Neves e Luvercy Fiorini. EMI Brazil.

Morrer de amor. Interpretada por: Alaíde Costa. Composta por: Oscar Castro-Neves e Luvercy Fiorini. Fonte: Kuarup Music.

Azul triste. Interpretada por: Oscar Castro-Neves. Composta por: Oscar Castro-Neves e Luvercy Fiorini. Fonte: RGE.

PARTE 6
Imagens de três vidas bem vividas

Foto 1. Gilda na infância, anos 1940.

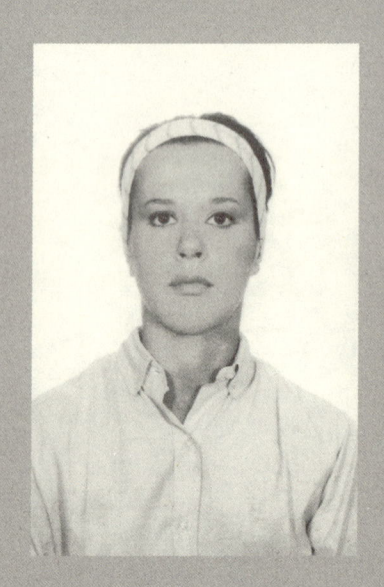

Foto 2. Sonia 3x4, anos 1960.

Foto 3. Helena em sua casa, bairro de Santo Amaro, 1973

Foto 4. Helena, ainda adolescente, em Bebedouro, 1947.

Foto 5. Gilda, anos 1980.

Foto 6. Gilda na Primeira Comunhão, em São Paulo, anos 1940.

Foto 7. Sonia na Primeira Comunhão, em São Paulo,

Foto 8. Sonia, ainda adolescente, em Campos do Jordão, anos 1950.

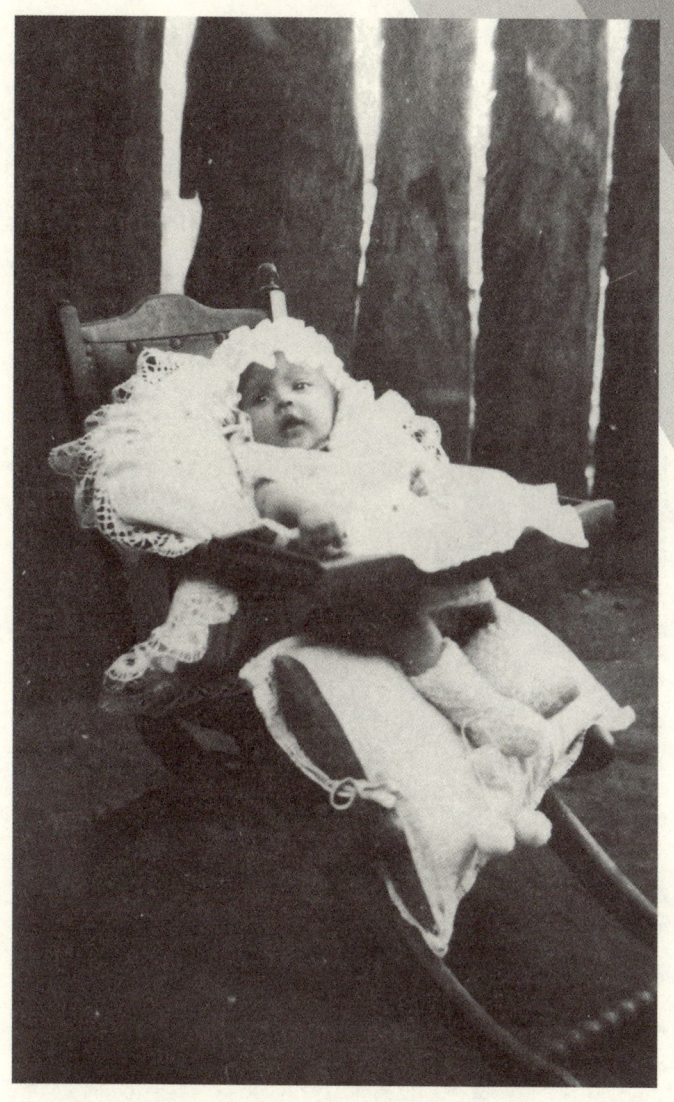

Foto 9. Helena com meses de vida, em Bebedouro, 1928.

Foto 10. Helena na Primeira Comunhão, em Bebedouro, anos 1930.

Foto 11. As Avós junto de Cássia Camargo, idealizadora do canal e Ygor Kassab, autor do livro, em São Paulo, 2022. Foto de Rosalina Calenhuk.

Agradecimentos (e despedida!)

Depois de anos tão difíceis, resolvemos lançar este livro para celebrar a vida, celebrar a resistência. Comemorar que estamos vivos – machucados, doloridos, mas vivos.

Essa pandemia levou o mundo inteiro a um estado de sofrimento sem precedentes. Mas, ao mesmo tempo, nunca foi tão urgente viver em plenitude, dar valor às pequenas coisas. Que a humanidade aprenda alguma lição depois de tanto sofrimento. Assim esperamos.

Neste livro, quisemos trazer leveza, contar histórias, passar um pouco das opiniões que damos em nosso canal no YouTube e em nossa página no Instagram.

As Avós da Razão foi um projeto criado para dar voz a mulheres e homens mais velhos e provar que pode ser muito bom envelhecer. Esse projeto vai além de nós. Ele foi criado para você e por você.

Esta obra é um exercício de todas nós para deixar registrado como é possível envelhecer sem preconceitos e estereótipos.

Queremos muito agradecer em primeiro lugar a todos os nossos seguidores. Vocês não imaginam o bem que nos fazem a cada comentário, a cada curtida, a cada segundo que dão atenção às nossas postagens. Muito obrigada por tanto carinho.

Também gostaríamos de agradecer ao YOUPIX, que nos proporcionou a participação no Creators Boost, um programa de aceleração de criadores de conteúdo que mudou nossa maneira de enxergar esse universo tão rico da internet.

Ao nosso querido Quebrando o Tabu, que nos apresentou a tanta gente através do vídeo "Lendo comentários". Que delícia ter vocês na nossa vida.

A Cássia Camargo, que foi a idealizadora das Avós da Razão, por nos ter feito embarcar nessa jornada tão mágica e magnífica.

A nossa Agência Brunch, que nos apoia em todas as horas.

Ao nosso querido amigo, o jornalista Ygor Kassab, que aceitou imediatamente nosso convite para nos ajudar a escrever o livro.

E ao universo, que colocou cada um de vocês em nossa vida.

Muito obrigada,

Avós da Razão

Sobre Ygor Kassab

Ygor Kassab é paulistano, jornalista, escritor e pesquisador do resgate cultural e histórico brasileiro. Formado em Comunicação Social – Jornalismo pela Universidade Paulista (Unip), em 2016, teve seus primeiros artigos publicados em coletâneas da Editora Matarazzo.

Um ano depois, iniciou sua carreira na GOL Linhas Aéreas, passando pelas áreas de Segurança Operacional, Comunicação Interna, Diretoria de Clientes e Diretoria de Canais de Vendas, sempre atuando junto à equipe de endomarketing. Em 2018, foi a vez de lançar o primeiro livro de poesia, chamado *As linhas da alma*, publicado pela Editora Matarazzo. Em 2019, Ygor voltou a publicar poesia, lançando a sua segunda obra, intitulada *O aroma intenso das pétalas*, também pela Editora Matarazzo. Em 2021, lançou seu terceiro livro, desta vez uma biografia: *Ruth de Souza: a menina dos vaga-lumes – 100 anos de história*, publicada pela Giostri Editora.

Manifesto das velhas sem vergonhas

Mirian Goldenberg

A VELHA SEM VERGONHA está se divertindo com tudo o que conquistou com a maturidade: liberdade, felicidade, beleza, autonomia, alegria, amor, amizade, sucesso, poder, coragem e muito mais.

A VELHA SEM VERGONHA quer rir, brincar, gozar, dançar, cantar, viajar, curtir as amigas e os amores, cuidar da saúde, ter qualidade de vida e muito mais.

A VELHA SEM VERGONHA descobriu que a felicidade não está no corpo perfeito, na família perfeita, no trabalho perfeito, na vida perfeita, mas na coragem de ser ela mesma.

A VELHA SEM VERGONHA sabe que não deve jamais se comparar a outras mulheres, porque cada mulher é única, especial e incomparável.

A VELHA SEM VERGONHA não sente inveja da juventude, pois sabe que a jovem de hoje é a velha de amanhã.

A VELHA SEM VERGONHA quer namorar quem ela bem entender (não importa a idade), fazer amor quando quiser e beijar muito na boca. Ou pode não querer mais nada disso.

A VELHA SEM VERGONHA quer vestir a roupa de que mais gosta, mesmo que seja considerada velha demais para usar biquíni, minissaia, shorts, jeans, camiseta, tênis, cabelo branco, amarelo, azul, verde, lilás, rosa e todas as cores do arco-íris.

A VELHA SEM VERGONHA não tem medo de ser xingada de velha ridícula, pois já descobriu que é uma delícia ser uma velha ridícula.

A VELHA SEM VERGONHA aprendeu a ligar o botão do foda-se para o que os outros pensam e – talvez o mais importante de tudo – passou a ter a coragem de dizer não.

NÓS, VELHAS SEM VERGONHAS, convocamos todas as mulheres que estão cansadas de sofrer com os próprios medos, preconceitos e inseguranças a se unirem ao nosso grito de guerra: "VELHAS SEM VERGONHAS unidas jamais serão vencidas. Fodam-se as rugas, as celulites e os quilos a mais!